なぜあなたの組織では仕事が遅れてしまうのか？

職場で起こる「先延ばし」を科学する

黒住 嶺／伊達洋駆
Ryo Kurozumi / Yoku Date

日本能率協会マネジメントセンター

はじめに

「あの人は仕事の先延ばしばかりする。本当に自制心も努力も足りないな!」
「また先延ばしにしてしまった。自分はなんてダメな人間なんだ……」

そんなことを思っていませんか?
業務の先延ばしは、とかく本人にその要因を求めがちです。しかし、先延ばしが発生するのは本当に個人だけの問題なのでしょうか?

本書はそんな疑問から生まれた一冊です。
たしかに、これまでの研究では、先延ばしは本人の特性や能力に注目するものが大多数です。結果、それを踏まえた対策も、「こう自己管理をしよう」「こんな努力をしていく」といった個人の成長をベースとした〝マッチョな〟ものになりがちでした。対して、組織的な対策はほとんど提案されてこなかったといってもいいでしょう。

実は、本書の著者のひとり、ビジネスリサーチラボの黒住嶺(私)は長年先延ばしに苦しんできた当事者です。学校の夏休みの宿題は8月31日までしっかり残っているタイプ。しまいには、「あの教科は9月2週目で間に合うから、こちらの教科の宿題を優先しよう」と知恵をまわす。先延ばしを改善するよりも、うまく先延ばしをするスキルが磨かれていきました。

しかし、大学卒業時の進路選択の際に痛い目をみます。「研究の道に進もう」と大学院への進学を試みるも、準備が遅く、試験には不合格。そのうえ、その場合の進路を何も用意していなかったのです。そんな私の行く末を案じて家族会議が開かれ、大学生にもなって、なんとも情けない思いをしたのでした。

大学院浪人を過ごす中で、私は、先延ばしの改善が研究テーマになっていることを知りました。そこで、「こんな私を変えられるならば大した成果になるだろう」と研究テーマを切り替え、当時注目をされていた、自分で努力する先延ばし対策を実践しました。

翌年度の試験にむけ、来る日も来る日も自分に言い聞かせます。

「今休憩しすぎると、また試験に落ちるぞ……」

「今日のうちに、テキストを予定通り進めなくていいのか…?」

その結果どうなったか？　ストレス性の皮膚病になってしまいました。この代償を払った分、大学院には入学できたものの、またもや先延ばしに起因する痛い目（実際には猛烈なかゆみ）にあったというわけです。

ここで、冒頭の疑問に戻ります。

先延ばしが発生するのは、本人の努力や性格だけの問題なのでしょうか？　言い方を変えると、本人の自助努力以外に、改善策はないのでしょうか？

本書は先延ばしを組織的な現象として捉え直す一冊です。先延ばしは、個人だけでなく、個人を取りまく周囲の制度、環境、そして人との関わりの中で発生していることが明らかになっています。加えて、先延ばしをしている本人には「職場に害を与えたい」という意識はありません。むしろ、先延ばしをすることに苦しんでいることがほとんどです。このことを見落として、改善の自助努力を求めることは、本人に二重の苦行を課しているとも言えます。

本書では日常でありがちなエピソードを交えて、先延ばしの対策をお伝えしていきます。例えば、第1章「この仕事、面倒過ぎない？　～業務が複雑で先延ばす～」では、業務内容が複雑なため先延ばしが発生した場合を取り上げました。こうしたケースで、個人の努力と根性を軸にしたマッチョな対策を講じたとしても、根本的な問題は解決しません。また、個人の対策でたとえ一時的に改善したように見えても、また新たなメンバーが加われば同じ課題が起きます。

つまり、組織的な対処が先延ばしの基盤になります。そこで本書では先延ばしを抑制するための周囲の助けや相互支援、環境調整の仕組みを提案します。自己改善を目的とした努力、啓発ではなく、職場の仕組みに着目した対策を紐解きます。

また、人は「帰属のエラー」を起こす生き物です。

帰属のエラーとは、他者の行動の原因について考えるとき、個人の能力や性格を重視し、環境の影響を過小評価する傾向です。私は、自分や他人の先延ばし癖を見るときも、長くこの傾向が続いてきたと考えています。しかし、そろそろ私たちは別の側面に目を向けてもよい頃ではないでしょうか。

職場の先延ばしを改善しなくてはならないことは間違いありません。ただ、その対策を本人任せにして、「変わらない！」と嘆いているのであれば、チームとなり、助け合いながら先延ばしの対策へと転換してみませんか。一緒にアクションを続けていきましょう。

２０２４年12月　著者代表・黒住嶺

CONTENTS

CONTENTS

第3章 ちゃんと見てくれているのかな？【組織内の評価をデザイン】

第4章 自分は頑張っているのになぜ遅れる？【マインドセットをデザイン】

第1章

最近、仕事の調子はどう？

【業務内容をデザイン】

ケース1

この仕事、面倒過ぎない？

～業務が複雑で先延ばす～

営業部門に今年異動してきた加藤正仁は、不慣れから多くの業務を先延ばしにしていた。それに対し仕事の早い戸田匡課長は、3年前に異動してきた佐伯優と比較して常に腹を立てている。しかし、昨年度他部署に異動した同僚がいなければ、部長の指示だけでは佐伯自身も先延ばしをしただろうと感じていた。

「なんで、加藤はいつも資料の提出が遅いんだ。頼んでから、もう3週間も経ってるじゃないか。佐伯はだいたい1週間でやってきただろう？　しかも、この前提出してきた資料も見当外れで、結局作り直したんだよ」

いつもの課長の小言がはじまった。課長は自分がさっさと仕事を片付けていくタイプのため、少しでも遅れたメンバーにはことさら厳しくあたる傾向にある。

最近はもっぱら開発部から営業部へ異動してきた加藤へのあたりがキツい。加藤は営業初経験。じっくり腰を据えて商品の改善に取り組む開発部の仕事とは、ケタ違いのスピード感で動く営業の仕事に戸惑っていた。

営業部に来て3年目の佐伯は、「課長の言い分もわかるが、加藤の気持ちもわかる」と内心感じていた。佐伯も異動前には営業の経験が一切なかった。いまでこそ、ともに仕事をしてきたがゆえにキャラクターを理解しているが、以前は課長の声の大きさに縮み上がり、資料の提出をすることにハードルの高さを感じていた時期もある。

佐伯にとって大きかったのは、昨年度異動した山田さやかの存在だった。今振り返れば、山田が課長の意図を汲み取り、噛み砕いて佐伯に伝えてくれていた。それがなければ、自分も加藤のように相も変わらず叱り飛ばされていたに違いない。

佐伯はおそるおそる課長に言葉を返した。

「いやいや、僕だって最初は戸惑いましたよ。でも、昨年異動になった山田先輩が『**この資料は1週間くらいで仕上げた方がいい**』と**目安を教えてくれていた**んです。あと、資料作成にどこから着手していいかわからなかった時には、『まずはここから、それが終わったらここ……』と、**タス**

クを細分化して示してくれていました」

課長の仏頂面が佐伯に向けられた。佐伯が身構えていると、「そうだったのか」と拍子抜けする言葉が返ってきた。

そして、「いつの間にか、山田に頼っていたんだな。たしかに、頼むときには『この資料作っておいて』としか言ってなかった。『いつまでですか？』と聞かれたから、『なるべく早くもらえると嬉しい』と伝えていた」と、つぶやいた。

「僕は山田先輩に助けてもらっていたのに、加藤くんにそういったサポートをできていませんでした。あの……、これからは必ず**期限やタスクのポイントのすりあわせ**をしませんか？」

解決のアプローチ

ケース1に対して、どのような対策が思い浮かぶでしょうか？

ここからは営業部門に不慣れな加藤に対して、周囲のメンバーは何ができるのかを考えていきます。こうした問題は、加藤以外の他のメンバーが新たに加わったとしても起こり得ます。組織として、どのような仕組みが必要かを考えていくことがポイントとなります。加えて、加藤本人が取れる対策も見ていきましょう。

アプローチ❶ 仕事を簡単で明確な内容にしていく（＊1）

仕事に対する先延ばしは、「個人」の行為ではあるものの、「状況」や「環境」の要因が関わることも広く指摘されています。その1つとして挙げられるのが、取り組んでいる仕事・タスクの特徴です。具体的には、タスクの「難しさ」や「曖昧さ」が、タスクの先延ばしに大きく関わることがわかっています。

重要なポイントは、こうした要因が個人の特性とは独立して、タスクの先延ばしに影響を与え得ることです。先延ばしの行為者自身に体調や能力の問題はなくとも、もしタスクに前述のような特徴を強く感じたならば、先延ばしが生じてしまう可能性があるということです。

では、これらがどのように先延ばしを助長するかを確認していきましょう。

「タスクの難しさ」とは、本人がタスクを完了することに難しさを感じている度合いのことです。難しいと感じるタスクに取り組むと、上手く進められないといった挫折や大小の失敗をしてしまうことを連想するため、タスクが先延ばしにされがちになります。

また、「タスクの曖昧さ」とは、そのタスクの進め方や最終的なゴールイメージがわかりにくい状態などを指します。どう進めればよいのかを考えながら着手する必要のあるタスクよりも、より曖昧さが低いタスク、要するに進め方が分かりやすい仕事を人は優先しがちになるため、先延ばしが起きるのです。

このように、難しい課題や曖昧な課題は、受け取る側の「負荷」になります。負荷の高い課題は後回しにして、先に容易で明確な仕事から処理していこうという心理が働きやすく、それが先延ばしの要因となるのです。そのため、対策の基本方針としては難易度と曖昧さを適切なレベルに調整することが挙げられます。

▼組織でできること

難易度に関しては、スキルや資源（81ページ）を提供して、本人の処理能力を高めていくことが対策になります。あるいはシンプルに、適切な難易度のタスクを割り振ることも有効です。その結果、タスクの難易度が本人の能力に見合い、自信を持って取り組めるようになります。

例えば、先輩とペアを組んで教えてもらうことで、本人がスキルを高めていく機会を設けます。とはいえ、先延ばしをしがちな本人は、「相手に迷惑かけたり足手まといになったりするのではないか」といった不安を抱く可能性もあるでしょう。これについては、本人に気を遣わせないような声掛けや定期的な質問タイムの設定などで、双方の負担を軽減することを提案してはいかがでしょうか。

一方、タスクの曖昧さに関しては、「タスクをどのように遂行すべきか」や「最終的な結果はどうあるべきか」についての明確な期待を伝えていくことが重要です。何を押さえるべきかがわかりやすくなり、タスクに着手しやすくなるため、先延ばしが抑制されます。例えば、プロジェクトスタートのタイミングで、きちんとタスクを洗い出し、役割分担を行なう仕組みを構築しておく、といった方法が考えられます。

さらに、そこで確認したタスクの進捗を、管理ツールを用いて把握しておくことも重要です。タスクを進める過程で曖昧さが生じることを避けつつ、メンバー間で早期に対策を打つことにつなげることができます。

対策のアイデア

●タスクの難易度
・経験者とペアを組み、ＯＪＴを実施して、スキル・能力の向上を図る。日常業務の中で、少しずつタスクの難易度を上げていく
・社内で共有フォルダを作成し、過去のプロジェクト資料を閲覧できるようにする。よいやり方がわかれば難しさは減る

●タスクの曖昧さ
・プロジェクト開始時に進行管理表を作成し、詳細なタスクの洗い出しと役割分担を行う
・進捗状況を見える化するために、タスク管理ツールを導入。ツールを使って課題を可視化し、先手を打って対策を立てられるようにする

▼本人ができること

タスクの難易度に対して「本人ができる対策」としては、自分のスキルレベルを把握して、それに見合った仕事となるよう上司に働きかけることが挙げられます。先輩社員に過去の類似プロジェ

クトの資料を共有してもらうことで、効率的な進め方をインプットするのもよいでしょう。一方で、こうしたアプローチをすることで、「上司に能力不足だと思われないか」といった不安を抱く人がいるかもしれません。その場合には、前提として「スキルアップをしたい」という意思を伝え、上司のサポートを得ながら着実に成長するイメージを共有していけるとよいでしょう。

タスクの曖昧さについては、期日や内容について質問をして、明確化していくことです。「細かく確認をしていくと、先輩から煙たがられないだろうか」といった心配があるかもしれませんが、教えられたことを何回も尋ねてしまうものでなければ、先輩や上司にとっても後輩や部下の先延ばしは困ることなので応じてもらいやすいです。結果的には仕事に取り組みやすくなり、先延ばしを防ぐことにつながります。

対策のアイデア

●タスクの難易度

・自分のスキルレベルを把握し、上司に伝えたうえで、自分に合った難易度のタスクを相談する

・先輩社員に過去の類似プロジェクトの資料を共有してもらう

●タスクの曖昧さ

・上司に具体的な指示の内容と期日を確認する。曖昧な点があれば、その場で質問し、明確化させる

アプローチ❷ 目標の時間軸を定める（＊2）

タスクに対して「締切が設定されているかどうか」も先延ばしに大きく影響します。例えば、明確な締切が設けられていないタスクは先延ばしされがちです。これは、先ほどのタスクの曖昧さという点と同様、タスクについてどのくらいの時間で進めればよいのかが曖昧な状態といえます。

また、長期プロジェクトに関わる業務のように、締切までに時間がある場合も同じ理由で先延ばしにされがちだといえます。あまりにも遠い締切は「どのくらい切迫しているか」をイメージしづらいため、実質的に締切が曖昧な状態になります。

そこで、タスクの曖昧さを解消するために、「近接的な目標」を設定することが有効な対策となります。長期目標を、中間や短期目標に分割するのです。これにより、短いスパンで進捗状況が分かり、先延ばしが抑制されます。

▼組織でできること

本人だけでなく、周囲も関与して目標設定を行うことが効果的です。この「共同的な目標設定」には、他者が関与するので、他者との約束や期待に応えようとする意識を高める効果があります。また、本人は周囲からの支援も得られるため、先延ばしの抑制効果が期待できるのです。

例えば、プロジェクトスタート時に、リーダーとメンバー全体で、チームの目標を設定する場を設けます。ここで個人の目標もすり合わせられるとよいでしょう。しかし、中には、「目標が達成できなかったらどうしよう……」とプレッシャーを感じるメンバーが出るかもしれません。そうした人への配慮として、「メンバー間で助け合うことで、チームの目標達成につながっていく」という共通認識の醸成を働きかけていくことが重要です。

また、全体・月次での共有する定例会と、個別・週次で共有する機会をそれぞれ設けるという方法もあります。「監視されている」と感じるメンバーがいる可能性を考慮し、適度な頻度を模索することは必要ですが、時間軸が明確になり、進捗管理による目標の達成の効果が期待されます。

対策のアイデア

・プロジェクト開始時に、リーダーとメンバーで全体のマイルストーンを設定。個人の目標もすり合わせる
・月次の全体進捗会議とは別に、週次で個別の進捗確認の場を設ける。目標に向けて随時軌道修正をする

▼本人ができること

長期プロジェクトに関わる際には、例えば、1ヶ月単位の短期目標を設定して、自分で締切を設定しておくことがポイントになります。もし、1ヶ月の目標設定でも先延ばしが発生する場合には、1週間単位などさらにスパンを短くしていきましょう。

目標達成に向けて、1日単位でToDoリストを作成することも有効です。毎日の自分の行動を管理して振り返ることで、達成状況や遅延状況を把握できます。また、必要に応じて作業時間の調節や、適切なタイミングで同僚に助けを求めるなどの手立てを打ちやすくなります。近年は業務用SNSやチャットツールも発達しているため、お互いの負担になりすぎないように注意はしつつ、

進捗の共有や困ったときの相談などに活用するとよいでしょう。

対策のアイデア

・プロジェクトの最終目標から逆算し、1ヶ月ごとの中間目標を設定する。まずは、1週間ごとの目標を立てる
・目標達成に向けて、1日単位でToDoリストを作成し、毎日の行動を管理する。たとえ予定通りに進まなくとも、柔軟に修正を加えることを習慣付ける
・同僚とチャットツールを活用し、互いの進捗状況を共有。悩みがあれば相談し合う

◎参考文献

＊1 Harris, N. N., & Sutton, R. I. (1983). Task procrastination in organizations: A framework for research. Human Relations, 36(11), 987-995.
＊2 Bellini, C. G. P., de Faria Pereira, R. D. C., & Correia, R. R. (2022). The Environment of Task Procrastination: A Literature Review and Implications for the IT Workplace. Information Resources Management Journal (IRMJ), 35(1), 1-23.

ケース2

ダラダラ仕事してしまう

～終わりが見えなくて先延ばす～

入社2年目の河野守は1年後のイベントに向けた準備を担当することになった。イベントを統括する課長の高田宏伸は短気で、結果をすぐに求めるタイプ。その間に立って、プレイングマネジャーとしてチームリーダーを務める松田光は、河野の様子に少し不安を感じていた。

会議室には重苦しい雰囲気が漂っている。1年後のイベントに向けた会議で、それぞれのメンバーから業務進捗と課題が共有されたが、その中で入社2年目の河野が全く準備を進めていないことが明らかになったのだ。

入社してすぐの河野は先輩から言われたことを的確にこなすタイプに見えた。しかし、1年目の後半頃から彼がどんどん自信をなくしていくのを、チームリーダーの松田は感じ取っていた。

とはいえ、松田自身もプレイングマネジャーで日々の業務に追われている。自分のタスクをこなすだけでも精一杯なのに、河野にばかり気を配っていられなかった。

会議室には、高田課長の「2ヶ月も前にプロジェクトがキックオフしているのに、なぜ1時間で作れるような資料しかできていないんだ！」と叱声が響いている。課長は特に手を抜いていることが如実に見えることに対しては厳しい。「伸びしろがあるからこそ、若手にはきちんとフィードバックすることが必要だ」ともよく言っている。豪快な性格から慕っている人もいるが、今回の一件に関しては、「ただ怒鳴るだけでは、河野は具体的にどう改善していいかわからないのではないか」と松田は思っていた。

会議終了後、うなだれながら会議室を出る河野に、松田は声をかけた。

「河野さん、今日の会議をどう受け止めた？」

河野は肩を落としていたが、絞り出すような声で、「正直、**まだまだ時間はあると思ってしまっていました**。でも、**少しずつ進めていこうとは思っていたん**です。ただ、目の前の業務をこなしているだけで精一杯でどんどん後回しにしちゃいました」と言った。

松田は、「そうなんだね、少しずつ進めようとしていたんだ。**どんなスケジュールで、どのくら**

い進めていくかは決めていた？」と尋ねた。

すると、河野は目を合わせずに言った。

「いえ、そこまでは。『少しずつ進めないと、終わらないな』と思っていたくらいで……」

おそらくこのままでは、河野は同様の失敗を繰り返すことになるだろう。河野自身も追い詰められるし、チームにとってもマイナスだ。


河野の返事に、松田は「じゃあ！」と提案をした。

「**こまかく進捗の確認をする**のはどうだろう？　今日の会議のように、私も含め、みんなそれぞれのタスクを持って進めている。2〜3ヶ月に1回の部長と課長を交えた会議だけでは、正直、迷っていることを随時相談できないし、みんなも大変だと思うから」

松田の提案に、「いいですね」と一瞬目を輝かせた河野だったが、すぐにしゅんとした様子で言った。

「ただ、みんな忙しいのに2週間に1回も会議ができるでしょうか？　**面倒だと思われないかと心配**です……」

河野の発言に松田は静かに首を振った。

「いや、これは河野さんのためだけでなく、**〝みんなのため〟でもあるんだよ**」

解決のアプローチ

ケース2をどのような思いで読み進めたでしょうか。河野は、多くの人が陥りがちな理由で仕事の先延ばしをしていました。それに対して、課長の高田は具体的な対策を含まない叱責をしてしまいました。これでは解決にはつながりません。

このケースの場合、チームで先延ばしを是正していくにはどのような手立てがあるでしょうか。

アプローチ❶「報酬の時間的な遠さ」を捉え直す（＊1）

ここでいう「報酬」とは、心理学でよく使われる用語で、何らかのうまくできたことに対して与えられるご褒美のことを指します。給料やボーナスといった目に見えるものだけでなく、達成感などポジティブな感情を得られることも含みます。こうした報酬が得られるまでの時間的な距離が遠い、つまり、なかなか報酬がもらえないと、タスクが先延ばしにされる傾向があることがわかっています。

これには、実際の遠さだけでなく、「遠さに対して本人がどれくらい敏感か」という個人の感覚も関係します。人は報酬が遠いと、身近ですぐに得られる報酬を優先的に得ようとします。皆さんも何かしていたのに、ついスマートフォンでSNSや動物の癒し動画を見ていた、ということはないでしょうか。特に、「自分の感じた欲求をすぐに満たしたい」と感じる傾向である「衝動性の高い人」は、報酬の遠さに対して敏感であるともいえるため、先延ばししやすい傾向があります。

こうしたメカニズムを、仕事の場面に置き換えて考えみましょう。難しい仕事を終わらせることは、大きな達成感を得られるかもしれません。しかし、その報酬が得られるのが先になると身近な報酬に手を伸ばし、タスクの先延ばしが生じてしまいます。

一方、どんな仕事でも、着手さえすれば一定の進捗につながっていくものです。そこで、対策の基本方針としては、「その仕事に関する達成を細かく設定する」ことが有効です。仕事の達成までの時間を短縮することで、報酬を得られるまでの時間が短くなり、モチベーションを維持しやすくなります。その結果、先延ばしが抑制されるのです。

「周囲の対策」も「本人の対策」においても、報酬が近くなるように、工数が少ないものから始めるという方向性を意識しましょう。達成までの工数が少ないものからどんどん着手することで、早く成果を得られます。そのために、タスクを小さくしていくことも併せて進めていきます。

割り当てられている業務が、会社にとって完全に新規の業務であることは少ないはずです。過去の事例を探れば、類似の業務を見つけ出すことができます。過去の経験やテンプレートを活かして、取り組みやすいタスクにしていくことで、難易度を下げ、報酬への距離を短くすることができます。

▼組織でできること

1年がかりの大イベントや新商品開発の仕事などは、長期間にわたる業務となり、「まだ時間がたっぷりある」と感じ、先延ばしが生じがちです。また、進捗状況が見えづらく、「遅れていることにさえも気づかない」ケースもあります。

こうした業務に対しては、サブゴールを設けたり課題を切り分けたりし、スモールステップで進めていく意識が重要です。例えば、プロジェクトの節目に全体ミーティングを開催し、チームで小目標の達成状況を共有するといった方法が考えられます。

一方で、「自分の達成度が低いと思われるのではないか」と不安を覚えるメンバーがいるかもしれません。そのため、「できていないことを非難する場ではなく、達成度や進捗を認め合う場である」という共通認識を持って臨んでいく姿勢が欠かせません。他メンバーの努力を素直に称えて成果を目指して前進していける、前向きな風土を醸成していけるとよいでしょう。

対策のアイデア

・プロジェクトの節目に全体ミーティングを開催。小目標の達成状況を共有し、達成度の高いメンバーを称える

▼本人ができること

本人ができる対策として、大きな目標を小目標に分割し、着実に前に進めていくということが挙げられます。例えば、数ヶ月の目標について、1週間や月の上旬・中旬・下旬などに細分化するということです。スモールステップに切り分けることができれば、比較的早めに達成感を味わうことができ、次のタスクに進んでいくモチベーションにつながります。その結果、先延ばしが抑制されます。

また、プロジェクトマネジメントツールなどを使いながら、着実に進んでいることを見える化するのも、達成感を抱きやすくなる方法の一つです。ただし、ツールに示される数字に一喜一憂するのではなく、一歩でも着実に前進していくことを意識していくことが大切です。

対策のアイデア

- 大きな目標を小目標に分割し、スモールステップで着実に進める
- 日々の進捗率をプロジェクト管理ツール上でリアルタイムに可視化する

アプローチ❷ 締切をこまめに設定し、「時間的プレッシャー」を生じさせる（＊2）

締切までに期間があり、時間的に切迫していない仕事は、「時間的プレッシャー」がない仕事であると表現できます。「時間的プレッシャー」とは、社員が通常よりも速いペースで仕事をする必要があると感じる程度、または、仕事のタスクを終えるのに十分な時間がないと感じることを指します。

長期間にわたるプロジェクトなど、時間的プレッシャーが小さい仕事に関しては、自分で締切を設けて、それを達成するよう目指していくことが欠かせません。

そのためには、下記の3つの対策がポイントとなります。

❶ 全体と自身の設定した締切を管理する

「業務全体の締切」と「自分で設定した締切」を正確に管理できるよう、スケジュールを作成します。管理することによって、遅れが生じた場合も可視化できるようになり、適度な時間的プレッシャーを感じることができるようになります。

❷ 現実的な締切を作る

実現不可能な締切だと、「絶対に無理だろう」と諦めてしまったり「達成できたらラッキー」と軽んじることで達成の必要性を感じなくなったり、「また締切を達成できなかった……」などと達成できないことで自己嫌悪を感じたりするリスクがあります。そのため、現実的な締切を再検討していく必要があります。

現実的な締切を設定するためには、工数と質の両面でバランスを調整していくアプローチが有効です。例えば、「最初の段階では時間をかけない分、そこまで高い質は求めない」といった具合です。

❸ 締切に強制力を設ける

自分で設ける締切は反故にもしやすいので、順守するための強制力が必要です。「メンバー間で締切を共有する」といった方法で、締切を達成するための適度なプレッシャーを自身にかけていけるとよいでしょう。仮に達成できないことがあったとしても、できたところまでを共有するなど、確実に進めていける仕組みをつくることが重要です。

一方で、あまりにプレッシャーが大きすぎるとストレスにつながるので、「仕事にミスはつきもの」という雰囲気を作る（ケース14・アプローチ①）、完成度までは求めない（ケース18）ことも必要です。

▼組織でできること

時間的プレッシャーを設けるために、チームで大きなプロジェクトを細分化し、それぞれのタスクの優先順位を決めます。その後、優先順位に則って、スケジュールを可視化し、メンバーの目に止まりやすい場所に掲示しておきます。

場合によっては、担うタスクの優先順位が「低」に位置付けられたことで、やる気が削がれてしまうメンバーがいるかもしれません。しかし、それらの仕事も完成されてこそ、大きなプロジェクトが成立します。すべての仕事に意義があることを共有しながら、プロジェクトを進めていけるとよいでしょう。

他にも、勉強会を開くなどして、スケジュール管理のスキルをチームで高めていくといったアプローチも有効です。スケジュール管理が正確になれば、「より早い時間で終えよう」と適度な塩梅での時間的プレッシャーを高めることが実践しやすくなるでしょう（スケジュール管理での内容としてケース5・アプローチ①、仕事を挑戦的にする方法としてはケース6・アプローチ②も参考になります）。

対策のアイデア

- プロジェクトの優先順位とタスクの期日を一覧化した資料を作成。メンバーの目に留まりやすいところに掲示して意識づけする
- タイムマネジメントの基本的な考え方と、実践的なテクニックをまとめた資料を配布する。あわせて、勉強会も企画する

▼本人ができること

本人ができる対策として必要なことは、仕事の優先順位を明確にすることです。例えば、前日の終業時に翌日のタスクリストを作成し、翌日からは優先順位の高いタスクから着実にこなしていくといった方法があります。どのタスクに「重要度」や「緊急度」があるのかを明らかにすることで、

タスクに対する時間的プレッシャーが生まれます。その結果、先延ばしが抑制されます。なかには、自分の判断基準で正しく分類できているか不安を覚える人もいるでしょう。その場合には、先輩や上司に確認しながら分類し、徐々に自身の判断力を高めていくことが大切です。また、オンラインで仕事をしている場合には、同僚と朝会を設け、今日のタスクを宣言するといった取り組みも考えられます。お互いの進捗を可視化することで、良い緊張感や競争する意識につながり、仕事がはかどる効果が期待できます。

対策のアイデア

- 前日に翌日のタスクリストを作成。翌日は優先順位の高いものから着手する
- 同僚とチャットツールで朝会を実施。その日のタスクを宣言し、お互いの進捗を可視化する

アプローチ❸ 仕事に対するポジティブ感情を向上させる（＊3）

仕事の達成を通じた、報酬としてのポジティブな感情の効果についてはアプローチ①でも触れました。一方、「報酬」とは別に、仕事全般へのポジティブな感情を高めることでも、タスクへの着手を早められるようになり、先延ばしが抑制されます。

ある行動を実行するかどうかという判断には、感情が影響すると考えられています。人はやりたい・やるべきと感じている行動について、思いついたときにすぐ実行するわけではなく、タイミングを探っているのです。そのうえで、ポジティブな感情を持っている状態では「行動を進めてよい」というサインになるため、仕事を進めようという意思が阻害されにくくなるのです。逆に、ポジティブ感情が低い場合、こうした感情による後押しを得られないため、先延ばしが助長されます。

この点を踏まえると、仕事に対するポジティブ感情を高めることが、対策の基本方針となります。組織・個人の観点で、それぞれ見ていきましょう。

▼組織でできること

ポジティブ感情を高めるために組織ができる対策は、「些細な進歩も見逃さずに褒めること」です。とはいえ、ひとによっては「こんなことで褒められても……」と馬鹿にされているように感じたり、卑屈な感情を持ったりする場合もあり得ます。個々の特性を見て、タイミングや声掛けの言葉を工夫しましょう。例えば、他の人からの目を気にしなくてよい個人面談の機会に褒めるというのも一つの方法です。

また、個人面談の場では、それぞれの強みを把握するように会話を広げます。これにより、次の業務ではその人の得意分野へアサイン（任命）しやすくなるでしょう。得意分野で仕事ができれば、よりポジティブな気分で向き合うことが期待できます。

あるいは、定期的に褒め合う会を開催することで、「褒める」ということが社内の文化として定着し、その効果も浸透しやすくなるでしょう。相互作用を生みながら、仕事へのポジティブ感情を高めていくこともできます。

また、3連休や大型連休の前に、休暇中の過ごし方をシェアする場を設けるという方法もあります。その場では、同時にリフレッシュの重要性を伝えることも大切です。普段仕事詰めの人ほど、その重要性を理解して気晴らしに努めるとよいでしょう。休暇明けに仕事へ向き合う際に気分の切り替えにつながり、ポジティブな気持ちで仕事に向き合う効果が期待できます。

対策のアイデア

- 日頃から周囲の些細な進歩を見逃さず、すぐに褒める習慣をつける
- 個人面談を通じて、各人の強みを把握する。それを基に、得意分野の業務にアサインする
- 定例的に、部署内でお菓子を持ち寄るなどして「褒め合い会」を実施する
- 3連休や大型連休の前に、休暇中の過ごし方をシェアする場を設ける。同時に、リフレッシュの重要性を伝える

▼本人ができること

本人ができる仕事へのポジティブ感情の高め方について見ていきましょう。例えば、「今日は○○が完了！」と、毎日3つ以上の小さな達成感を振り返る習慣をつけることが挙げられます。このアプローチの場合、あらかじめ定めた目標がなくても、「何ができたか」を考えるのがよいでしょう。

また、「嫌な気分を持続させない」ことで、間接的にポジティブな感情状態でいられる時間を増やすという方法も考えられます。1時間の集中タイムの後は5分間のストレッチを行ったり、自宅でリラックスタイムを設けたりと、オン・オフの切り替えを意識的に設けることも効果的です。

対策のアイデア

- 「今日は○○が完了してよかった」と、毎日3つ以上の小さな達成感を振り返る習慣をつける。小さな達成感の積み重ねが、大きな成果につながることを理解する
- 意識的にオンとオフの切り替えを行う

◎参考文献

＊1 Steel, P. (2007). The nature of procrastination: a meta-analytic and theoretical review of quintessential self-regulatory failure. Psychological bulletin, 133(1), 65.

＊2 Prem, R., Scheel, T. E., Weigelt, O., Hoffmann, K., & Korunka, C. (2018). Procrastination in daily working life: A diary study on within-person processes that link work characteristics to workplace procrastination. Frontiers in psychology, 9, 335466.

＊3 Kühnel, J., Bledow, R., & Kuonath, A. (2023). Overcoming procrastination: Time pressure and positive affect as compensatory routes to action. Journal of Business and Psychology, 38(4), 803-819.

ケース3

前に失敗した仕事が回ってきた……
～自信がなくて先延ばす～

営業部のチームリーダーの矢野夏菜子は15人のメンバーを抱えている。そのチームのNo.2が牧原亨だ。機転が効いて、高い営業成績を誇る彼を矢野は信頼していた。しかし、物静かな杉田秀雄課長から、その牧原について話があるという。いったい、何があったのだろうか。


「矢野さん、ちょっとだけいい？　牧原くんのことなんだけど」

矢野は、課長の杉田に呼び出された。

牧原は営業部歴7年目。矢野の次に長く営業部に在籍していることになる。

矢野は牧原のことを特に信頼しており、自分がこのポジションで頑張り続けられているのは彼があってのことだ、とも思っている。

小学2年生になる娘がいる矢野は、これまで出張や深夜残業が必要な時には牧原を頼りにしてきた。残業中、「矢野さん、あとはやっておくんで帰って大丈夫ですよ」と声を掛けられたことも一度や二度ではない。

その牧原がどうしたというのだろう？

いつも穏やかな杉田課長は静かに言った。

「今年度は、牧原くんに営業データの『AI分析プロジェクト』のリーダーをお願いしましたよね？　しかし、そのプロジェクトの方向性についてのレポートがいっこうに上がってこなくてね。もしかしたら、今、営業チームでの業務が忙しいのかなと思って」

チームの仕事とは別に部内横断で「AI分析プロジェクト」は進行している。矢野も、牧原からはこのプロジェクトについての進捗は何も聞かされていなかった。

ただ、矢野には思うところがあった……。

「チームの仕事は今落ち着いています。暇ではないですが、牧原さんは7年目ですし、見通しをもって業務に取り組んでくれています。しかし、少し気になることはありまして……」

矢野の口ぶりに、杉田課長は少し身を乗り出して「なんでしょう？」と尋ねた。

「実は牧原さん、以前営業分析を担当した際に、前年と前々年のデータの読み込みのミスをして、大幅にズレた数値を発表してしまったことがあったんです。飲み会にいくと、『あの時のことをいまだに思い出すことがあって』『今もあの凍りついた会議室の夢を見て飛び起きることがあるんですよ』と語ることもあって。もしかしたら、その**ミスを引きずっている**のかもしれません……」

矢野の言葉に、杉田課長は目をしばたたかせた。

「しかも、牧原さんは**デジタルに対しても苦手意識を持っている**かもしれませんね。営業ツールがタブレットに切り替わった時、かなり戸惑っていました。優秀な彼が珍しいな、と思ったものです」

杉田課長は「うーん」と唸った後に、これまでにない力強い声で言った。

「だったら、**なおのこと『AI分析プロジェクト』を成功させて自信をつけてほしい**ですね。きっと、それが彼のためにもなる」

矢野も「そう思います。**このままではずっとデータ分析に自信を持てないままになってしまう。**それはチームとしても大きな損失なので、私も可能な限りサポートしようと考えています」と続けた。

解決のアプローチ

ケース3は、自信がない仕事を先延ばしする事例でした。

全ての業務に対して高いパフォーマンスを発揮できる人は、ほぼいません。誰もが、何かしらの業務に対して苦手意識を持っています。そして、苦手意識は先延ばしを助長してしまいます。組織として、苦手意識のある仕事を抱えたメンバーに対し、どのようなアプローチをとっていくことが有効なのでしょうか。

アプローチ 自己効力感を高め、積極性を喚起する(※1)

ケース1などで見てきたように、業務自体に負担(難しさや曖昧さ)を感じたり、本人が「うまくいくイメージを持てない」と思っていると、仕事を進めていく気になれず、その結果先延ばしが生じます。逆に、「この課題はうまくできる」「自分ならばできる」と思えれば、先延ばしをすることなく、積極的に取り組んでいくことができます。

このことを裏付ける概念の一つが、タスクに取り組む本人の「自己効力感」です。これは、ある目標や課題に取り組むうえで、「その達成に必要な行動をとれる」と自信を持っている度合いのことです。これまでの研究で、自己効力感の高さが、先延ばしを抑えることが確認されています。自己効力感があるということは、目の前のタスクに対して成功への見通しが持てるということです。その結果、タスクへ積極的に取り組むことができます。つまり、「課題の難易度を下げる」という方針とは別に、本人の自己効力感を高めることも対策の方針になりえます。

自己効力感を高める対策の方向性は大きく2つ挙げられます。

❶「成功できる」サブゴールを作って取り組む

自己効力感は成功体験を重ねることで高めていくことができます。そのため、まずは自分が「うまくいく」と思える課題から着手して、一つひとつ終えていくことが重要です。そうして終えていく過程で積み上げた成功体験が自己効力感を高めるので、苦手なタスクに臨むための自信につながっていきます。また、自分の持っているスキルや経験が有効だと思う課題から進めていくことも、精神的なハードルを下げる効果があります。

❷成功事例を学ぶ・業務を依頼した人に成功の見込みを尋ねる

自己効力感を高めるうえで、必ずしも自分自身で成功を経験する必要はありません。過去に成功した事例やロールモデルを知ることで、「自分にもできそう」と自己効力感を高めていくことができます。

▼組織でできること

自己効力感を高めていくための周囲の対策としては、(本人と年次の近い)先輩の仕事ぶりを観察する機会を提供することが考えられます。先輩の仕事の進め方から、タスクの取り組み方や時間管理を学ぶことで、「自分もできるかも」と前向きに思えるようになります。「先輩の仕事を観察するのは気が引ける」と抵抗感を抱くメンバーも想定されます。こうした人に対しては、謙虚に学んで成長してもらうことが、組織にとってもプラスになっていくことをきちんと示して、背中を押します。

あるいは、より積極的な交流が実現するように、先輩・後輩でペアとなるメンター制度を導入することも効果的です。定期的な面談の中で、先輩がどのように進めたのかという成功例を共有してもらったり、助言を受けたりすることができるため、タスクを進める自信を持つことができます。

さらに、成長記録をメンターと共有するなど、定期的なフィードバックの仕組みを設けるといったアプローチも有効でしょう。面談の場でポジティブなフィードバックを中心に提供することで、自己効力感の向上が見込めます。その際は、褒めるポイントを具体的に伝えることも大切です。例えば、単に「先週の提案はよかった」ではなく、「提案の○○が独自の視点で秀逸だった」など、伝えることが大切です。「先輩との相性が合わなかったら、モチベーションが下がるかもしれない」と懸念する人がいる場合には、ペアを変更できる仕組みも視野に入れておけるとよいでしょう。

チャレンジした人を褒める仕組みや文化を作っていくことも重要です。失敗しにくい雰囲気の職場では、挑戦することが難しくなり、その中で成功体験を積むチャンス自体を作ることが難しくなります。「失敗を恐れず挑戦したメンバーを表彰する」「失敗から学ぶ姿勢を評価する」といった風土作りをしていけるとよいでしょう。

対策のアイデア

- 先輩社員の仕事ぶりを観察する機会を設け、タスクへの取り組み方や時間管理術を学ぶ
- 先輩・後輩でペアを組み、メンター制度を導入。成功例の共有や、褒める・助言するといった交流を促進する
- 定期的な面談を設定する。成長記録を共有し、ポジティブなフィードバックが得られる仕組みを構築する。「提案の○○が秀逸だった」など、褒めるポイントを具体的に伝える

・失敗を恐れず挑戦するメンバーを表彰するなど、チャレンジした人を褒める文化を作る

▼本人ができること

自己効力感を高めていくために本人ができる対策としては、ケース2・アプローチ①（31ページ）のようにタスクを分解することです。大きいタスクのままでは、「どこから取り組んでいいかわからない」といった負担を感じやすいので、1時間以内にできるような小さなタスクに分解していきます。

加えて、日々の進捗状況を可視化し、「今週は○個のタスクを実行した」など目に見える形にすることで、自分の成長を実感することにつながります。そうした達成に対して、自分へのご褒美（達成した週のランチは奮発する）を設定するなど、目的を達成できた自分を褒めて、モチベーションを上げていくのです。

成功の見込みを持つという意味では、難易度が高く感じるタスクは一人で抱え込まず、同僚や上司にすぐに相談することが重要です。先輩とのミーティングを定期的に設定し、どこにつまずいているのかを伝えていくとよいでしょう。

対策のアイデア

・1時間以内に完了できるタスクに分解し、着手する。小さな達成感の積み重ねが、大きなタスクの完遂につながると信じて取り組む
・日々の進捗状況を可視化することで自分の成長を実感しやすくする
・目標を達成したときのご褒美を用意する
・難しいタスクは1人で抱え込まず、すぐに同僚や上司に相談する。「教えてもらって助かった」と素直に伝える

◎参考文献

＊1　Steel, P. (2007). The nature of procrastination: a meta-analytic and theoretical review of quintessential self-regulatory failure. Psychological bulletin, 133(1), 65.
＊2　Kanten, P., & Kanten, S.（2016）. The antecedents of procrastination behavior: personality characteristics, self-esteem and self-efficacy. PressAcademia Procedia, 2(1), 331-341.

ケース４

この仕事はどっちが主導するの？
～役割が曖昧で先延ばす～

今年から営業部のチームリーダーの１人になった真鍋美也。部下には営業部３年目の佐伯優など５人がいる。大型の新規案件を獲得した佐伯は、ほとんど面識のない法務部の渡邉浩人に契約書作成業務を依頼したが、なかなか返事が返ってこなかった。

「佐伯さん、あの契約書どうなった？」

チームリーダーの真鍋の声に佐伯は振り返った。営業部随一の好成績をおさめてきた真鍋は、今年度からチームリーダーに抜擢された。

一方の営業部３年目の佐伯は少しずつ仕事にも慣れて、クライアントにも親しまれている。真鍋のスピーディな仕事の進め方には圧倒されつつも、大いに刺激を受けていた。

佐伯は契約書を法務部の渡邉に送ったメールを検索し、「まだ法務部から返事がないですね」と真鍋に言った。

2週間前、真鍋と佐伯で訪問し、大規模な新規顧客の獲得に成功した。これまでにないような規模の取引で、かつ条件も複雑。渡邊とは少しやり取りをしながら契約書作成を進めていく必要がありそうだ、と佐伯は考えていた。

「ちなみに、いつ法務部に依頼したの?」

真鍋の質問に、再びメールに目を落とした佐伯は「10日前ですね」と回答。

「うーん」と唸った真鍋は、「ちょっとメールを見せて」と佐伯のデスクに近づいた。そして、メール内容を確認すると、「後回しになっているかも」と言った。

佐伯は真鍋とともに法務部の渡邊のデスクに向

かった。法務部は営業部の上のフロアで日頃はほとんど足を運ぶことはない。佐伯も渡邊と直接言葉を交わすのは数回目だった。

佐伯と真鍋がデスクを訪れると、渡邊は「どうなさったんですか」と抑揚のない声で言った。

「いや、契約書をお願いしてから10日間も経っていたので何かお困りではないかな?と思って」

そう佐伯が笑顔でそう伝えると、みるみるうちに渡邊の表情が強張った。

「**あんなにざっくりした情報で契約書なんて作れるわけない**じゃないですか。**詳細情報を送ってもらえるのを待っていた**んですよ」

つまり、渡邊に託した契約書作成業務は何一つ進んではいなかった。

呆然とする佐伯の隣で、真鍋は「こんな内容で、この項目を盛り込んで……」と渡邊に具体的に指示をはじめた。真鍋に気押されて、渡邊は先ほどまで取り掛かっていた仕事を止めて、すぐに契約書作成に取り掛かった。

法務部から戻る廊下で、佐伯は「僕の**伝え方が悪くて遅れ**が出てしまい、すいませんでした」と真鍋に謝罪した。すると真鍋は、「**どうしたら営業と法務の間で業務が止まらないかを考えて、対策を練った方がいいかもしれない**」と言い、「次回のチームミーティングの議題にしましょう」と朗らかに言った。

解決のアプローチ

ケース4は、部門間で起きた業務の「お見合い」の事例でした。佐伯や渡邊が自身の役割を明確に理解できていなかったために、双方の対応を待ち続け、結果的に誰もタスクを進めていない状態として先延ばしが生まれてしまいました。佐伯や営業部は、法務部に対してどのようなアプローチをとっていれば、こうした先延ばしを避けられたのでしょう。

アプローチ　役割や期待を明確にして共有する（＊1）

「何をすればよいのかわからない」という曖昧な状態の場合、仕事の先延ばしが生じやすくなります。これは、ケース1で取り上げた「タスクの曖昧さ（18ページ）」だけでなく、「役割の曖昧さ」においてもいえます。

自身の役割と責任を明確に定義し、期待される行動を理解できるようにしていくことで、「自分が進めていく」という確信をもって業務に取り組めるようになっていきます。その結果、先延ばしが抑制されていきます。

また、タスクに対する関係者の役割が曖昧な場合、組織としても先延ばしが生じる可能性があります。先ほどのストーリーにも現れたように、2つの部署にまたがっているタスクで、どちらがどの役割を担うのか、あるいは誰が進捗の責任を持っていくかが曖昧であれば、双方が受動的になり、業務に遅れが生じるリスクがあるということです。

　こうした問題を防ぐために、役割の明確化を進めていくことが重要です。

▼組織でできること

　役割の曖昧さを解消していくには、コミュニケーションをきちんと取って、すり合わせをしていくことが欠かせません。まず、部署内の管理職と部下の間で役割の曖昧さが生じないようにする対策として、管理職から部下に対して「どんな役割を期待しているのか」を示していきます。具体的には1on1ミーティングを定例化して、業務のことだけでなく、悩みや今後の進みたい方向性なども含めて話しをします。

　1on1を頻繁に行うことに対しては、「プライベートな話題にも踏み込まれそう」という抵抗感を抱く人もいます。そのため、前提としてあくまでも「考えや事情を自己開示する範囲は自分で決められる」ことを伝えておくことが重要です。

　部門同士で役割の曖昧さが発生している場合には、部門間で相談して担当業務を整理し、組織図に反映するといった取り組みも必要となります。また、他部門の定例会議を開催するなどして、コミュニケーションを密に取っていく施策もよいでしょう。

より積極的には、部署横断のプロジェクト発表会を開催するという方法もあります。参加メンバーが持ち回りで発表や学び合いをすることで、よい取り組みを参考にできることや、双方の事情に詳しくなることで部署間でのお見合いを減らせる効果が期待できます。

また、組織としてのミッションや担当業務を明確にしたうえで、それを誰もが見える形で掲載しておけるとよいでしょう。この情報をもとに組織における自分達の役割を踏まえることができれば、業務や意思決定の判断に迷った際の指針になります。

対策のアイデア

- 管理職と部下の1on1を制度化する。例えば、月1回30分間の個別面談を実施。話題は業務に限定せず、幅広く話す。ただし、自己開示を強制しない。
- 部署横断のプロジェクト発表会を開催。メンバーは持ち回りで他部署の取り組みを学ぶ
- 各部署のミッション、担当業務、社員の役割分担を明記した組織図を作成し、イントラネットに掲載する

▼本人ができること

本人の対策においても、密なコミュニケーションを取ることが肝となります。例えば、業務開始後に上司と5分間話をして、自分の役割を明確にするといったことが挙げられます。一見、用事もないのに上司に話しかけるのは無駄なように感じるかもしれませんが、短時間でも意識の方向性をすり合わせることで、一日の仕事がスムーズに進んでいきます。

役割を上司に確認することは、自分では判断できないという無能さを示すように感じることもあるかもしれません。しかし、役割の確認は、タスクを迷いなく遂行するために不可欠です。多くの場合、そうした建設的な確認は肯定的に受け止めてもらえるため、先延ばし対策として導入するのがよいでしょう。

対策のアイデア

・業務開始後に上司と5分間の立ち話をする。予定を確認し、自分の役割を明確にする

◎参考文献

※1 Hen, M.（2018）. Causes for procrastination in a unique educational workplace. Journal of Prevention & Intervention in the Community, 46, 215 - 227. https://doi.org/10.1080/10852352.2018.1470144.

ケース5

仕事に集中したいときに限って…

～割り込み仕事で先延ばす～

マーケティング部の長谷川聡は日々のタスクに追われて、自身がアサインされている中長期の業務に着手できずにいた。長谷川は不安を抱えながらも、意を決して課長の町田順次との1on1でその現状を訴えた。

長谷川はマーケティング部で2年目の年を迎えた。マーケティング部の先輩たちは活力にあふれ、バリバリと仕事をこなしている。

長谷川は自分もそれに続きたいと必死になっているが、仕事量の多さからどうしても立ち行かなくなることが続いていた。というのも、一番下っ端の長谷川には、通常業務に加えて、先輩たちのプロジェクトの数字の下処理や雑務なども回ってくる。

「今日中にこれをお願いできる？」

「なるべく速く仕上げてほしい！」

といったオーダーも少なくなかった。

そうした**要望に対応しているうちに、すぐに日が暮れてしまう。結果、自分が担当している業務がどんどんと後回しになっていった。**

長谷川自身はこの状況を「なんとかしなければ」と思っていた。しかし、先輩からの仕事を断るわけにもいかない。それに、先輩たちに頼ってもらうことに対して嬉しさも感じていた。

課長の町田と1on1の日、長谷川は思い切って仕事量の相談をした。

色々な人が自分に仕事を任せてくれていることはすごく嬉しい。しかし、タスクが重なりすぎて、アサインされたメイン業務が後回しになってしまっている、そんな現状を伝えた。

正直なところ、長谷川は**「町田課長に仕事が遅いと思われないか」「努力が足りないと捉えられたら嫌だな」という不安を抱えていた。**

しかし、きちんと伝えていかない限りは、自分自身が伸びていくための仕事に注力できない、という焦りの方が勝った。

そして、意を決して打ち明けたのだ。

長谷川の話を聞いた町田は、「そういう状況だったんだな」と頷き、ＰＣにメモを取った。

「長谷川さん、**今頼まれているタスクを洗い出して、自分なりの優先順位も考えてみてくれる？**　その後、もう一回話をして、**後回しにしたりカットしていくタスクを決めていこう**」

町田のこの言葉に、ホッとする反面、マーケティング部の先輩たちの顔がチラついた。長谷川は、「でも、僕がこれらのタスクをしないと言ったら、先輩たちが困りますよね……」とつぶやいた。

その様子に、町田は「安心して」と言い、こう続けた。

「長谷川さんの**仕事量を調整することはチームのためでもある。現状を把握することで適切な体制を築くことにもつながっていくんだ**」

長谷川は、町田のこの言葉に心底ホッとした。

解決のアプローチ

ケース5の長谷川は必死で業務をこなすものの、自分がアサインされている本丸の業務にいつまでも着手できずに悩んでいました。割り込み仕事がどんどんと入ってきて、中長期スパンの仕事が先延ばしになることは多くの職場で起こりうることではないでしょうか。こうした先延ばしは、組織の中でどう防いでいくとよいのでしょう。

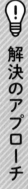

アプローチ❶ 障害を予測し、対策を立てる（＊1・2）

割り込みの依頼によって中長期の重要な仕事が後回しになってしまう状況に対しては、他の仕事が差し込まれることを前提に計画を立てることが重要です。ある研究では、課題遂行を阻害するようなモノ・コトの予測を時間管理の一つと見なし、課題遂行時に意識するよう求めることで、先延ばしが抑えられることが確認されています（他の時間管理の詳細については、次のアプローチ②で紹介しています）。

計画を立てる際に「他の仕事が入る想定が抜け落ちる」というエラーは起こりがちです。多くの職場において、割り込みの仕事や周辺的なタスクはつきものです。その想定ができていないことは、進めたいと考えている課題が先延ばしになってしまう要因となりえます（なお、先延ばしが起きる背景には状況を楽観視している場合もありますが、これについてはケース17で詳述します）。

常に、「業務を阻害するような要因は生じうる」と想定し、あらかじめ対処できるようにしておくことが時間管理の鉄則です。割り込み仕事を想定した時間管理を行うための対策の方向性は、大きく3つ挙げられます。

1 過去の経験から起きうる別タスクを予測する

例年の年間予定などを参考に「〇月期には、××業務が入る」といった、割り込みタスクを想定していきます。初めての仕事や、自分だけで予測することが難しい場合は、前任者や仕事を割り振った上司に確認しましょう。

2 相互依存性を確認する

現在進めているタスクは、他の人と協力して進める必要があるかを確認します。仕事において他の人と重なりがあることを「相互依存性」といいます。タスクに相互依存性がある場合、それを踏まえて開始時期や過程の調整が必要です。相互依存性があれば、協働している他の人から追加の仕事が舞い込んでくる可能性があります。

❸自分の見積もりを、他人に確認してもらう

同じようなタスクに取り組んだ経験のある人に、自身が見立てたスケジュールの正確性を評価してもらい、抜け漏れを確認します。

▼組織でできること

割り込み仕事が発生することに対する周囲の対策として、「どんな問題が起きるのか」という知識をチーム内で共有していくことが挙げられます。例えば、過去のプロジェクトの振り返り会を定期的に行っていくこと。プロジェクトを進めていくと、さまざまな問題が起きますが、その中で「どんな教訓が得られたのか」を振り返り、共有するのです。今後に活かしていくために資料も残しておきましょう。

一見、「時間がとられて生産性が下がるのではないか」と感じるかもしれませんが、その工程を挟むことで問題状況を緩和させることができ、ひいては仕事が遅れることを防げます。

プロジェクトの節目では、メンバー全員で今後起きうるリスクを洗い出し、目線を合わせる方法も有効です。どんな問題が起こるのかを予見できていないと、場当たり的に仕事を進めていくことになってしまいます。その結果、クライアントの事情を考慮してタイトなスケジュールを組んだものの、後で追加の調整が必要になって遅延が発生するなどの可能性が出てきます。そうした事態が

重なることで、先延ばしのリスクが高まっていくのです。

対策のアイデア

・四半期に一度、過去のプロジェクトの振り返り会を実施する。得られた教訓を共有し、資料に残す
・プロジェクトの節目ごとに、メンバー全員でリスクを洗い出す

▼本人ができること

本人の対策としては、「どのようなトラブルが起こりうるのかをきちんと予見していくこと」が柱となります。「とりあえず進めておこう」と業務を進行すると、途中でトラブルが発生し、それが先延ばしの要因になってしまう場合があります。

具体的には、過去の似たプロジェクトの資料を読み込み、どのような問題が発生したのかや、どう対応していけばいいのかを、きちんと検討しておくことが重要です。

トラブル発生を想定し、「このジャンルの問題が発生した場合には◯◯に相談をする」と、上司

や関係部署の連絡先を事前にリスト化しておくことも有効です。

対策のアイデア

・過去の類似プロジェクトの振り返り資料を探し、問題が発生した原因を分析して、対策を立案する
・トラブル発生を想定し、上司や関係部署の連絡先を事前にリスト化する。

アプローチ❷ 時間管理のスキルを身につける（＊1・2・3）

「時間管理」のスキルを身につけることで、先延ばしを防いでいくことができます。時間の見積もりや計画、仕事の進捗状況のモニタリングなどを掛け合わせて、時間管理は行われます。

先延ばしは、想定した時間や時期になったとき、計画通りに仕事を始められない、あるいは終われない現象としても捉えられます。つまり、タスク自体を処理する能力に問題がなくても、十分な時間管理のスキルが身についていない結果として、先延ばしが生じてしまうことがあり得ます。

時間管理スキルは、前述した「割り込み仕事を想定すること」をはじめ、効率的な時間の使用、優先順位の明確化などの要素から構成されています。そして、こうしたスキルはトレーニングによって高めていくことができます。

研究では、時間管理のスキルや重要性を教えた学生たちが、締切直前に課題の取り組みを集中させることがなくなり、均等にタスクを進められるようになったことが確認されています。時間管理スキルを向上させていくトレーニングを積んでいくことで、先延ばしを抑制していくことができます。

▼組織でできること

「時間管理をしましょう」と伝えたとしても、何から始めてよいかわからない人も多いでしょう。そこで、先輩社員の仕事術を観察する機会を設け、どのように時間管理を行なっているかをメモし、学びます。こうした機会をつくっていくことで、チームの力の底上げにつながることを意識しましょう。

また、週次のミーティングで時間管理の方法の共有をすると、時間管理を定期的に学ぶことができるので効果的です（チーム視点での、より直接的な支援については、アプローチ③で詳しく紹介しています）。

対策のアイデア

・先輩社員の仕事術を観察する機会を設ける。優れた点はメモを取って学ぶ
・週次のミーティングで業務の進捗だけでなく、時間の使い方についても確認する

▼本人ができること

本人ができる対策案としては、ケース2・アプローチ②でも紹介した、優先順位に基づくタスクリストの作成が時間管理の方法としても重要です。基本的な対応ですが、継続的に実施することで大きな効果が期待できます。

1日のスケジュールを明確に細かく区切り（例えば30分単位）、スケジュールに落とし込むことで、重要性や緊急性の高いタスクについては「集中タイム」を確保するといった方法もあります。集中タイムでは、あらかじめその時間で進めると決めた仕事を進めることに注力します。これにより、他の仕事に干渉されることによって先延ばしが生じることを防ぎます。また、メリハリをつけることで、パフォーマンスが向上し、それぞれの仕事自体も早く済ませることができるという副次的なメリットも期待できます。

対策のアイデア

・1日のスケジュールを30分単位のタイムテーブルに落とし込み、「集中タイム」を確保する

アプローチ❸ 管理職が部下の時間管理を支援する（＊4・5）

ある調査では、時間管理の大切さを認識している管理職ほど、定期的に計画を見直すなど、時間管理を工夫していることが確認されています。時間管理を管理職が自ら行っていくことで、目標の明確化や進捗状況の把握・助言などの部下への対応を、十分な体制で行うことにつながります。

また、管理職が部下のタスクの遂行を妨げる要因を特定し、それらを取り除くマネジメントを実現できると、部下の生産性とモチベーションが向上します。こうした管理職の努力、そしてマネジメントによって、先延ばしを抑制する効果が期待されます。

タスクの割り込みを想定するなら長いスパンで考えたほうが捉えやすいですが、時間管理は短いスパンで考えがちになる点にも注意が必要です。大学生を対象にした調査では、短期的な学習計画は比較的多くの学生が立てているものの、学期全体を通した学習計画については、全体の約2割が

立てていないという結果となりました。

大学生という段階においても、中長期段階での計画には難があることを考えると、特に新人・若手社員を中心に、管理職からの計画のフォローは重要だと考えられます。短期的な視点だけでなく、長い時間軸で考えていくことが、時間管理を成功させるコツです。

▼組織でできること

前述の通り、上司が部下の時間管理をサポートしていくことが、1つ目の対策です。そのなかでは、アプローチ①で見た内容を踏まえて、部下がタスクを進めるうえで、妨げとなる要因をきちんと把握して、取り除いていくのです。他にも、期日が近いプロジェクトの優先度を上げたり、メンバーのスケジュール調整を進めたりといったことを、管理職が責任を持って行うことも検討するとよいでしょう。

ただし、「上司に細かくタスクの管理や調整をされるのは居心地が悪い」と感じる部下がいることも予想されます。チーム全体で優先順位を共有・理解することで、協力的な姿勢で臨むようにしましょう。

全社的にマネジメント層向けの時間管理研修を実施し、改善した社員は評価されるようにすることも有効でしょう。管理職自身が変容を実感し、部下と共に成長をしていこうと歩みを進めていくことができます。

また、時間管理のスキルが改善した社員を評価することは、その成功例や努力を可視化することにもつながります。つまり、周囲の社員は、「誰が時間管理のスキルが高い人なのか」を把握できるようになるのです。これにより、自分が不得手だと思う社員が相談しやすくなり、組織全体での底上げにつながる効果も期待できます。

時間管理に加えて、組織として中長期的な目線を持ち、それを一人一人が意識できる機会を設けることもポイントとなります。そのためには、自社の中長期的な方向性と、それぞれの仕事がどう結びついているかを説明する機会を増やしていくといった施策がよいでしょう。普段は目の前の仕事に追われがちでも、その結びつきを具体的に説明されれば、目線を大局へ移すことができます。

若手と経営層が直接対話できる場を設け、経営層の視座を感じ取れるようにしていくことも一案です。メンバーは経営層に自身の挑戦したいことなどを伝えられ、長期的な視野を持つことにつながるでしょう。

対策のアイデア

・期日が近いプロジェクトは、社内の優先度を上げてメンバーのスケジュール調整を行う
・マネジメント層向けの時間管理研修を実施。自身の行動変容を部下に示す
・時間管理が優れる・改善した社員を評価する。スキルの高い人を可視化し、その人に相談できるようにする
・中長期の経営方針と、各人の業務とのつながりを説明する機会を増やす
・経営層と対話の場を設け、若手と経営層が直接交流できるようにする

◎参考文献

＊1　Häfner, A., Oberst, V., & Stock, A. (2014). Avoiding procrastination through time management: An experimental intervention study. Educational Studies, 40(3), 352-360.
URL: https://doi.org/10.1080/03055698.2014.899487
＊2　Häfner, A., & Stock, A. (2010). Time management training and perceived control of time at work. The journal of psychology, 144(5), 429-447.

＊3　増田 尚史(2012)．先延ばしに関する心理学的検討(2)：時間選好率が計画錯誤量に及ぼす影響　広島修大論集，53(1)，151-158.

＊4　Lušňáková, Z., Dicsérová, S., & Šajbidorová, M. (2021). Efficiency of managerial work and performance of managers: time management point of view. Behavioral Sciences, 11(12), 166.

＊5　Alvarez Sainz, M., Ferrero, A. M., & Ugidos, A. (2019). Time management: skills to learn and put into practice. Education+ Training, 61(5), 635-648.

ケース6

毎日繰り返しばかりで嫌になる

～業務に飽きて先延ばす～

松田光は、B社の同期で3年前にスタートアップに転職した川村由美子と、居酒屋で久しぶりの再会を果たした。近況を報告する中で、お互いに刺激を受け、松田は自分のモヤモヤを晴らす一歩を踏み出そうと決意する。

松田と川村は営業部の同期として入社した。松田はそのまま営業実績を重ね、現在は異動してマーケティング企画課のチームリーダーに昇進した。一方の川村は3年で退社。今はスタートアップの経営企画として働いている。

2人は1年ぶりの再会を祝し、入社1年目の帰りによく立ち寄った居酒屋の生ビールで乾杯した。

「由美子がやめて、もう3年か。はやいねー！　どうなの今の会社は？」

松田は久しぶりに会った目の前の同期が昔と全く変わっておらず、嬉しくなった。

「スタートアップでは、本当に〝何でも屋さん〟だよ。経営企画とは名ばかり。社長の秘書的なこともするし、広報もするし、総務もやる。常にボールが落ちそうになっているから、あっちこっちで拾って回っている感じだよ。光はどう？　営業部は相変わらず？」

川村は昔から気配りができるタイプだった。あらゆる仕事をマルチにこなしていくことが求められるスタートアップでは重宝されているに違いない。

松田は、営業部の現状を振り返り「そうねぇ……」と言った。

その口ごもった様子を見て、川村は「どした？　どした？　光の歯切れが悪いなんて珍しいね」と言った。

「今、チームリーダーをしているんだけれど、上に上がれば上がるほど、『お役所仕事』が増えて、ちょっと疲れてる。**承認プロセスが複雑だったり、営業メンバーについての報告書を上長に毎週上げたりしなきゃいけなくて。どうしても、後回しにしがち**になっちゃう。営業でバンバンお客様のところに行っている方が私には合っているんだよね」

松田は久方ぶりの友達に早々に愚痴を吐いていいものか、迷いながら口にした。川村は「たしかに、光は外に出て、人と会っていた方が輝くタイプだわー」とケラケラと笑った。その様子にホッとして、松田も「だよね！」と続けた。

注文していた刺身やたまごやきが運ばれてきて、一通り箸をつけると、「でもさー」と川村が真面目な声で言った。

「私の今の会社はまったく『お役所仕事』がなくて、むしろ大変なの。毎日が火消し状態。あちらこちらで火の手が上がっている。そっちでこんな状態になっていないのは、**いわゆる『お役所仕事』があって、それに則っているからでもある**んだろうなぁ、と思ったわ」

川村のその発言に松田は驚いた。

松田が知る限り、川村も事務作業や規則に従って仕事を進めていくことを嫌っていた。その川村が**「お役所仕事」にも一定の価値があ**ると言っている。

「由美子からそんな言葉が出てくるなんてビックリした。でも、そうかもしれないね……。私、やらされている感覚ばかり強くなって、**一つひとつの『お役所仕事』にはどんな意味があるのかを考えてなかった**かも」

松田のこの一言に、なくなりかけのビールを一気に飲み干して川村は言った。

「もうさ、**『何の意味があるんですか？』って課長や部長に聞いちゃえばいい**じゃん。その方がスッキリするよ」

川村のこの言葉に、松田の心も晴れた。

松田も残りのビールを飲み干して、「よし、次は何にする？」と川村に笑顔とメニューを向けた。

解決のアプローチ

ケース6は仕事に飽き飽きして、元同期に愚痴を言う松田が描かれました。事務的な仕事はいかなる職場においても発生します。そうした事務仕事に意義を見出せず後回しにしてしまった経験を多くの人が持っているのではないでしょうか。意義を見出しにくいタスクの先延ばしは、どのように解決していくとよいのでしょう。

アプローチ❶「お役所仕事」の目的や意義を共有する（＊1）

会社の中から規則や手続きをなくすことは基本的には不可能であり、むしろ完全になくせば非効率やトラブルを生む要因となります。そのため、事務的な仕事を一掃することはいかなる職場でもできません。

しかし、業務内容が事務的なうえに規則や手続きで凝り固まっていて、目的や意義を感じにくい、いわゆる「お役所仕事」と感じられている場合には、すぐに取り掛かる意欲が湧かず後回しにされがちです。作業を進めることに対して「無用なコストが掛かる」と負担感が増してしまうことも、先延ばしにされる理由です。

こうした仕事の先延ばしを防ぐ対策としては、「お役所仕事」にも正当な目的があることを周知し、遵守の重要性を伝えていくことが挙げられます。

▼組織でできること

組織ができる対策案は、社員が「お役所仕事」と捉えている業務の背景を知ってもらうことです。例えば、全体会議の場で、「なぜ、このルールを設けているのか」についてエピソードを交えて伝えていきます。あるいは、ルールを守ることによって問題を未然に防いだ実例を共有するといった方法も有効です。

押し付けがましくならないかと不安を覚えたとしても、ルールの意義を再確認することによって先延ばしを抑制できると理解して、きちんと周知していけるとよいでしょう。この点を踏まえて、普段は「ルールを守る側」の社員に、改善案を募るという施策もあります。その際は、参加への意欲や施策に意義を感じてもらうために、優れた提案は実際に取り入れることも重要です。

対策のアイデア

・全体会議の場で、ルールを設けた経緯を説明する。エピソードを交えて、ルールの重要

性を伝える
・ルールを守ることによって問題を未然に防いだ実例を社内に共有する
・ルールの改善提案を募集する。優れた提案は実行する

▼本人ができること

「お役所仕事」に対して、自分なりに捉え方を変えたり、中身を変えたりすることができれば、積極的に取り組んでいくことができます。そのため、本人の対策としては「規則の意味を上司や先輩に尋ねてみること」が有効です。意義を理解することができれば、「お役所仕事」と感じていた業務に対しても、先延ばしにせずに前向きに取り組むことができます。

規則の理由を尋ねることは、「規則に疑問を呈しているように受け取られるかもしれない」と不安を覚える人がいるかもしれません。その場合には、「規則の遵守につなげていくために尋ねている」と前置きしたうえで質問できるとよいでしょう。

周囲に尋ねても判然としないなど、非合理的な規則があれば、代替案を考え、ロジカルに上司へ提案することも一案です。

対策のアイデア

・規則の背景にある目的を理解するために、上司や先輩社員に理由を尋ねる
・手続きを守ることで、ミスが減り、業務がスムーズに進むことを実感する
・非合理的な規則があれば、代替案を考え、ロジカルに上司へ提案する

アプローチ❷ 「ジョブ・クラフティング」で退屈な仕事を魅力的にする（＊2）

「お役所仕事」と捉えている場合だけでなく、与えられた仕事にやりがいや価値を感じにくくなっていたり、退屈を覚えていたりすると、先延ばしが生じやすいといわれています。

こうした状況に対しては、「ジョブ・クラフティング」が有効です。ジョブ・クラフティングとは仕事そのものを自分なりにアレンジしたり、仕事の捉え方を変えるアプローチです。端的にいうと、仕事における創意工夫のことです。

ジョブ・クラフティングを積極的に行なっていける人は、仕事のパフォーマンスが高くなることがわかっています。これは、前述のような創意工夫によって自分と仕事の相性（適合）がよくなる

ためです。

こうしたパフォーマンスが高い人は、基本的に先延ばしをせずに業務に取り組んでいることが多いでしょう。つまり、ジョブ・クラフティングは先延ばしを抑制する効果があるといえます。

ジョブ・クラフティングには、「資源の希求」「挑戦の希求」「要求の低減」の3つの要素があります。

1「資源の希求」

資源とは、時間や協力者、有益な情報など、自身も含めた業務上で使えるリソースのことです。例えば、人からの助けを得ることは、資源を増やすことにあたります。タスクや仕事に必要な資源を、業務遂行能力を高めることで自ら増やしたり、あるいは周囲に助けを求めることで増やすことができれば先延ばしの抑制につながります。

2「挑戦の希求」

仕事の内容に退屈している場合には、やりがいがある仕事に取り組めるようにしたり、仕事にやりがいを見出すことがポイントになります。つまり、業務の内容にチャレンジの要素を盛り込むことが「挑戦の希求」にあたります。まずは、目の前の仕事をチャレンジングにしていくこと、あるいは社員が自分にとって適度な挑戦をする、さらには、挑戦する機会の提供や挑戦しやすい環境を整えることで、仕事へのモチベーションが維持され、先延ばしが抑制されます。

❸「要求の低減」

仕事から受ける「要求」、つまり「負荷」が過剰であると先延ばしが生じます。こういった負荷を減らすことも、ジョブ・クラフティングの一つです。過度な要求によるストレスを軽減することで、タスクに集中しやすくなり、先延ばしが抑制されます。

「資源の希求」と「挑戦の希求」で仕事の創意工夫が生まれ、効率化やモチベーションアップが図られます。加えて「要求の低減」によってストレス軽減がなされ、仕事に向かいやすくなっていきます。その結果、先延ばしが抑制されるのです。

▼組織でできること

組織ができる対策案としては、仕事の創意工夫をしやすい体制や環境を整えていくことが挙げられます。例えば、「資源の希求」でいえば、「自己啓発の補助制度を設け、社員の自発的なスキルアップを支援する」といった施策が考えられます。

ただし、こうした制度を設けても、「勉強不足を認めるようで恥ずかしい」といった意識を持つ人や成長意欲の低い人がいるかもしれません。そこで、自己啓発は会社も望んでいることだと周知し、制度利用を後押しするような働きかけを同時に進めていけるとよいでしょう。この点から、組織全体で相談しやすい雰囲気を併せて醸成することも重要です。「教える人」「教わる人」というハードルが下がれば、教え合いや助け合いが起きやすくなります。

「挑戦の希求」に関しては、社員のチャレンジを歓迎していく文化をつくることが有効です。そのために、一定の基準を満たす新規事業の提案は、必ず経営会議で協議するといったフローを作ることが考えられます（今のタスクをチャレンジングにする対策としてはケース9アプローチ②とケース15・アプローチ①も参考になります）。

「要求の低減」として、各部署の業務フローを精査し、属人化している作業を標準化することが挙げられます。業務の見通しを立ちやすくしたり、誰でも無理なく対応できるような形式に整えることで、業務負担の軽減が見込めます。あるいは、柔軟な働き方を導入することによって、社員のワーク・ライフ・バランスという観点での仕事の負担を軽減するのもよいでしょう。

対策のアイデア

●資源の希求

・自己啓発の補助制度を設け、社員の自発的なスキルアップを支援する

・相談しやすい雰囲気を醸成する。ハードルを下げることで助け合いを促す

●挑戦の希求

・一定の基準を満たす新規事業の提案は、必ず経営会議で協議して、挑戦を後押しする風土をつくる

●要求の低減

・各部署の業務フローを精査し、属人化している作業を標準化する

・柔軟な働き方を導入し、社員のワーク・ライフ・バランスを改善する

▼本人ができること

ジョブ・クラフティングは自身の仕事を自ら創意工夫することだと述べました。そのため、対策としては、自分なりにできる工夫について紹介していきます。

「資源の希求」では、同僚や上司に助言を求め、今現在の業務を進めるのに必要な知識や情報を確保することが考えられます。助言を求めることで、自分の無知を晒すようで抵抗感を覚えるかもしれません。しかし、そこは「成長のチャンス」と捉え、まずは信頼のおける人へアドバイスを求めるようにしましょう。

「挑戦の希求」では、今抱えている仕事に、ワンランク上の達成水準を設定してみる方法があります。例えば、求められているよりも高い質の資料を作る、想定されているよりも早い期日で仕上げるといったことは、多くのタスクに応用可能な達成水準のアレンジです。

より根本的に「より自分の強みや関心に合った仕事にチャレンジさせてほしい」などと上司に提案していくこともあり得ます。誰でも新しく難しいことに挑戦するときは、失敗によって評価が下がることが怖いものです。しかし、成功・失敗のどちらに転んでも学びは得られます。その前提を理解したうえで、上司と相談しながら挑戦していくことで、仕事の魅力が増します。

「要求の低減」では、自らマニュアルを作成したり、業務の優先順位リストを作成することで、作業工程をスムーズに進めることができます。また、時間的プレッシャーが高すぎる場合には、ケース1・アプローチ①のように、上司と協議のうえ、締切延長などの調整を図ってもらう施策も挙げられます。業務量を適切にコントロールすることが、質の高い仕事につながることを理解し、ジョブ・クラフティングを行っていけるとよいでしょう。

対策のアイデア

●資源の希求

・同僚や上司に助言を求めたり、必要な知識やスキルを習得する

●挑戦の希求

・自分の強みや関心に合った、やりがいのある仕事を上司に提案する

●要求の低減

・マニュアルや業務の優先順位リストを作成し、作業をスムーズに進める

・上司と協議し、締切延長などの調整を図る

◎参考文献

＊1 Huang, Q., Zhang, K., Bodla, A. A., & Wang, Y. (2022). The influence of perceived red tape on public employees' procrastination: The conservation of resource theory perspective. International journal of environmental research and public health, 19(7), 4368.

＊2 Metin, U. B., Peeters, M. C., & Taris, T. W. (2018). Correlates of procrastination and performance at work: The role of having "good fit". Journal of Prevention & Intervention in the Community, 46(3), 228-244.

ケース7

やりたい仕事のはずだったのに……
～仕事への情熱を失って先延ばす～

入社6年目の宮橋真希は、かつてマーケティング部でOJTを担当した2年後輩の細田誠を気にかけていた。マーケティングへの興味を持って入社してきたものの、課長の町田順次によると、最近は仕事が滞っている様子だという。細田の様子が気になった宮橋は、彼をランチに誘い出した。


「宮橋さん、お待たせしました」

そう言ってランチに指定したレストランに現れた細田は浮かない表情をしている。

細田はマーケティング部に入社して4年目となる。2年先輩の宮橋は細田が入社した時のOJTを担当していた。昨年度、宮橋が異動になるまでは席も隣で、仕事の相談をすべて聞いてきた。

実のところ、宮橋はマーケティング部時代に世話になった課長の町田に、「ちょっと細田の話を聞いてくれないか」と頼まれたのだ。

「細田くんの話ですか？　何かあったんですか？」宮橋が尋ねると、町田は「いやぁ、最近頼んだデータ整理が全然上がってこないんだよ」と嘆いた。宮橋がマーケティング部に所属していた3年間は、細田は引き受けた仕事を「なんとかなると思います」と言いつつ、モチベーション高く仕事に臨んでいた。たとえ提出が遅れることがあったとしても、やむを得ない理由があってのことだった。


ランチセットのサラダが運ばれてくると、宮橋は細田に早速尋ねた。

「最近、細田くんはどんな感じなの？」

あえて気軽な雰囲気で投げかけると、細田の表情はサッと変わった。

そして、「実は会社を辞めようかと悩んでいまして……」と言った。

細田の発言に宮橋は驚いた。

「どうしたの？　マーケティングの仕事に興味を持って入ってきたんじゃなかったっけ？」

細田は宮橋の言葉に頷いた。そして、

「マーケティングをもっと深めたいし、スキルアップをしていきたいんです。でも、4年間ほとんどがデータ処理ばかり。1、2年目は『基礎力をつけることが将来につながる』と思って頑張ってきましたが、4年目になっても状況はたいして変わらなくて……」と言った。

マーケティング部は会社の肝だ。

そのため、10年選手の精鋭社員たちが集められている。しかも、ここ1、2年はマーケティング部に新人は入っていない。必然的に、4年目の細田に事務処理的な業務が回ってきやすくなっていた。

細田としては**我慢を続けてきたものの、どうしても仕事に意味を見出せなくなってしまった**のだろう。

「なるほどね。でも、もっと挑戦をしたいということが本心ならば、ここで辞めてしまうのはもったいないような気もするな。『**こんなことをやらせてほしい**』**と町田課長に伝えてみたら?**」

宮橋の言葉に、細田は下を向いた。

そして、「でも、**ワガママだって思われませんかね?**」と呟いた。

その言葉に対して、宮橋は大きく首を振った。

「急に辞められる方がみんな困っちゃうよ。それに、細田くんが**モチベーションの上がることに**

打ち込めた方が、結果的に組織は活性化する。だから、きちんと思いは伝えた方がいいと思うな。そもそも課長には『こんなキャリアにしていきたい』と伝えたことはあるの？」

宮橋のこの言葉に、今度は細田が大きくかぶりを振った。

「いえ、1on1の時も今期の目標は話しますが、あまり長いスパンのことは話しません」

この言葉に、宮橋は「そっかぁ……」と言い、「じゃあ、**細田くん自身がキャリアのビジョンを伝えるのと、私からもそっと町田課長に伝えておく**のはどうだろう？　正直、プロジェクトを担当したいという細田くんの思いを、町田課長は喜ぶと思うよ」と続けた。

解決のアプローチ

ケース7は、自身のやりがいやキャリアへの接続を感じられずに先延ばしをする事例でした。ただ、仕事へのモチベーションが下がってしまうのは、本人だけの責任なのでしょうか。組織のなかでの解決の道を探ります。

アプローチ❶ 「6つのアプローチ」で仕事への価値を高める（＊1）

毎日、同じような仕事を繰り返していることで、モチベーションが下がり、仕事への価値を見出せなくなっている社員は少なからずいます。

「そもそもこの仕事に意味があるのだろうか」と感じるようになっていると、仕事に気持ちは向かなくなります。その結果、業務に先延ばしが生じます。

アメリカの職業情報データベース（O＊NET）では、仕事に関わる価値観として6つの要素が想定されています。この6つの要素と先延ばしの関連を調べたところ、自分の仕事について各要素が高いと感じているほど、先延ばしが生じにくいことが明らかになっています。

1 達成感

自分の能力を発揮できる仕事であること

2 自律性

自身の創造性と自発性を発揮できる仕事であること

3 社会的認知

地位や名声が得られる仕事であること

4 人間関係

同僚との関係や社会貢献につながる仕事であること

5 組織的な支援

雇用が安定しており、上司のマネジメント、適切な研修が受けられること

6 労働条件

仕事や職場が快適で、ストレスが少なく、仕事の内容・種類多様であること

以上の6つの要素を高めていくことを目指すのが、対策の大きな方向性です。ただし、仕事に対する価値の感じ方は人それぞれですので、働きかけによってすぐさま変わるとは言い切れません。そこで、直接的に高められる要素を与えるだけでなく、社員が自発的に高めることができる間接的

な支援も併せて考えることがポイントです。

▼組織でできること

組織としての対策を考えるうえでは、マネジメントの観点から支援がしやすい「達成感」や「自律性」、「人間関係」の3つの項目を高めていくことで、仕事に対するモチベーションが向上し、先延ばしを防ぐ効果が期待されます。つまり、周囲の対策としては、社員のキャリア志向に応じて、やりがいのある仕事を任せていくことが挙げられます。

他にも、社員同士が業務外でも交流できる機会を設け、人間関係を育むアプローチも有効でしょう。とはいえ、組織が交流を強いるようなことがあれば逆効果になりかねないので、自由にコミュニケーションをとれる場だと周知して、開催するとよいでしょう。

対策のアイデア

- 社員のキャリア志向に合わせ、やりがいを感じられる仕事を任せる
- 社員同士が業務外でも交流できる機会を設け、人間関係の構築を促す

▼本人ができること

本人の対策においても、自分自身で仕事が魅力的になるように働きかけることが重要です。これは、ケース6・アプローチ②で触れた「ジョブ・クラフティング（80ページ）」と同様です。今回のケースなら、例えば、自分の関心のあることについて上司に伝えていくのです。

「自分本位と捉えられるリスクもあるのでは」と感じる場合には、それぞれの関心に応じた仕事をしていくことが組織全体の利益につながっていくという前提を踏まえ、そのうえで「自分の強みで会社に貢献したい」と、きちんと伝えていけるとよいでしょう。

同僚に仕事の悩みを相談したり助言をもらったりしながら、信頼関係を深めていくことも効果的です（職場での孤立を防ぐ対策としては第2章も参考になります）。

対策のアイデア

・自分の得意分野や関心のある領域を上司に伝える
・同僚に業務上の悩みを相談したり、アドバイスをもらったりして、信頼関係を深める

アプローチ❷ 「プラトー」を感じさせないキャリア開発・支援を行う（＊2）

組織の中で、「昇進の見込み」が低くなると先延ばしが生じやすくなります。この昇進のハードルが高まることを「キャリア・プラトー」といいます。「プラトー」は、日本語で「伸び悩み」や「頭打ち」といった表現で言い換えることができます。

ケース7では、キャリア・プラトーの中でも、「これ以上難しい仕事を自分は任せてもらえないだろう」と思う、業務内容面でのプラトーが関係しています。また、後輩が入ってこない点から、「これ以上、出世や昇格が厳しいだろう」という、「階層的プラトー」もありそうです。

いずれにしても、頭打ちの感覚を抱くと、モチベーションが下がります。それによって仕事に遅れが生じます。逆にいえば、キャリア・プラトーがなく、新たな役割や機会が提供されていく環境であれば、先延ばしを抑制できます（この点から、ケース3のように、自らの仕事を捉え直すという方針も有効といえます）。

そのため、「キャリア開発をきちんと行っていくこと」が対策の方向性になります。キャリア支援を行うことで、目に見える昇進や業務内容ばかりに囚われず、自分なりの納得感や成長に目を向けることが大切であることを理解してもらうのです。そうした支援によって、キャリア成長を実感しやすくなり、仕事へのモチベーションの維持・向上が図られるため、先延ばしが抑制されるのです。

キャリア・プラトーを回避していくために、社員のキャリア形成とつなげて考えて解決を図ることが、このアプローチのポイントです。

▼組織でできること

キャリア・プラトーを防ぐ周囲の対策としては、上司や先輩などに相談に乗ってもらうメンター制度を活用することが挙げられます。「社内の人に弱音を吐くのは気が引ける」と思われるかもしれませんが、本音を伝えていくことで、的確なアドバイスがもらえることも多いものです。

また、各社員のスキルマップを作成するという施策もあります。スキルの見取りや管理など、やや大がかりな施策にはなりますが、実現すれば各社員の強みを伸ばす配置が検討できるため大きな成果が期待できます。

自己啓発支援制度を設け、社員が自ら学ぶことを後押ししてキャリア・プラトーを回避する方法も有効です。自己啓発によって自分の市場価値を高まることを周知していけば、社員が前向きに取り組めるようになるでしょう。

対策のアイデア

・各社員のスキルマップを作成し、強みを伸ばせる配置を検討する
・社内メンター制度を導入し、先輩社員にキャリアの相談ができる環境を整える
・自己啓発支援制度を設け、業務に関連する資格取得や通信講座の受講を補助する。身につけたスキルを活かせる仕事を付与する

▼本人ができること

キャリア・プラトーを避けるための本人の対策としては、他部署との横断プロジェクトに参加し、普段得られない知見を吸収することが考えられます。また、業界団体の勉強会や異業種交流会など、社外での勉強会に参加するのもよいでしょう。普段と異なる環境で、自社の業務に応用できるようなヒントや、新しい人脈・視野を得ることを目指しましょう。

新たな場に飛び込むことについて、「ついていけなかったらどうしよう」と不安になったり尻込みしたりすることがあるかもしれません。しかし、こうした「越境学習」をすることで、自身の成長につながり、キャリア・プラトーを緩和していくことができます。

対策のアイデア

・他部署とのプロジェクトに参加し、普段の業務では得られない知見を吸収する
・業界団体の勉強会や異業種交流会に参加し、業務のヒントや人脈、視野を広げる

◎参考文献

＊1　Nguyen, B., Steel, P., & Ferrari, J. R.（2013）. Procrastination's impact in the workplace and the workplace's impact on procrastination. International Journal of Selection and Assessment, 21(4), 388-399.

＊2　Uysal, H. T., & Yilmaz, F.（2020）. Procrastination in the workplace: The role of hierarchical career plateau. Upravlenec, 11(3).

COLUMN1

仕事の先延ばしの実態

本書を手に取っていただいた読者の方は、仕事や職場での先延ばしが日常的なものだと感じていることでしょう。では、実際のところ、先延ばしはどの程度一般的に生じているものなのでしょうか。このコラムでは、学術研究や調査による報告例をご紹介します。

●2つに1つの職場で先延ばしが起きている可能性（＊1）

ケース11でも取り上げた研究では、職場で仕事の先延ばしが許容されている程度や、回答者本人がどの程度先延ばしをしがちであるかについて調査しています。この調査結果のうち、「職場あるいは本人のどちらかの原因で仕事の先延ばしが起きている」という回答者の割合は全体の45%にのぼり、実に約半数近くが該当しています。

●ついネットサーフィンに興じてしまう従業員（＊2）

仕事とは無関係なインターネットやスマートフォンの使用が、近年の先延ばしの典型例として注目されています。つまり、本来仕事をすべき業務時間に、仕事を先延ばしにしてネットサーフィンに興じてしまうということです。ある調査では、世代間に差が見られたものの、回答者の62%が1日約1時間以上、仕事とは関係のない理由でスマートフォンを操作しているという結果が確認されています。

●先延ばしで企業が被る損失額（＊3）

2007年のやや古い研究ではありますが、従業員が仕事を先延ばしにして、仕事と無関係な活動に費やしている時間が、企業にどれほどの損失を与えているかを試算したものがあります。この研究では回答者の「給与」を時給換算し、労働時間を考慮して試算を行ったところ、1人当たり年間8,875ドル（当時の日本円で約103万円）に相当する損失額が推定されています。

参考文献

1）Vveinhardt, J., & Sroka, W. (2022). What determines employee procrastination and multitasking in the workplace: personal qualities or mismanagement?. Journal of Business Economics and Management, 23（3), 532-550.

2）Udemy (2018). Workplace distraction report, udemy business, https: //research.udemy.com/research_ report/udemy-depth-2018-workplace-distractionreport（2024年11月26日確認）

3）D'Abate, C. P., & Eddy, E. R. (2007). Engaging in pe-rsonal business on the job: Extending the present-eeism construct. Human Resource Development Qu-arterly, 18（3), 361-383.

第2章

そっちの部署はどんな感じ？

【人間関係をデザイン】

ケース8

組織の輪にうまく入れない

～孤立して先延ばす～

営業部のエース・鈴木一乃は、課長の平洋子から愚痴を聞かされ、驚いた。営業部の仲間として一目を置いていた転職組の本居信吾が業務を遅延させていると聞いたからだ。一匹狼ではあるが、本来の彼は効率的に仕事に取り組んでいくタイプである。鈴木は本居に直接話しかけ、真意を確かめることを決意した。

営業部で6年間の実績を重ねてきた鈴木には気がかりなメンバーがいた。鈴木と同い年だが、転職のため社歴は2年目の本居だ。前職は競合他社で、システム開発部門を経験し、その後は営業でも活躍していたという異色の経歴の持ち主だ。営業部の精鋭になるべく、期待されて入社してきた。

しかし、入社して2年経った今も一匹狼で、未だ社内のメンバーと気軽に会話を交わしている様子を見たことがない。最近では部署の飲み会も減っていて、他のメンバーと交流する機会も減っていることもあるが、それにしたって打ち解けた感じが乏しい。

なぜ、鈴木が本居のことが気になるようになったかといえば、課長の平が愚痴をこぼすのを聞いたからだ。

「一匹狼なのも構わないけれど、資料提出の期日には全然間に合わせないし、営業先からも『対応が遅い』とクレームが来て、ちょっと困っているのよね」

入社したての頃の本居は、そのクールな佇まい通り、さまざまな業務を難なくこなしていた。その姿を見て鈴木は内心「同い年だし、負けていられない」と思っていたものだ。

しかし、平課長から聞いた本居像は、鈴木の持つイメージとはかけ離れていた。

鈴木は本居が営業から戻ってきたタイミングを待ち構え、声をかけた。

「本居さん、ちょっと相談したいことがあるんだけれど」

本居は鈴木の声に驚いて、目を丸くした。しかし、すぐに落ち着きを取り戻し、淡々とした表情で「なんでしょう？」と答えた。

「実は私、システム開発部とうまくコミュニケーションが取れなくて、先日もトラブルが起きてしまって。本居さんが前職でシステム開発部門も経験していたと聞いたので、どうやり取りすればスムーズかを相談したくて」

鈴木の急な申し出に、本居は「そう……ですか」と呟いた。

そんな本居の様子を無視して、鈴木は「明日ちょっとランチの時間いただけませんか？　具体的に相談させてください」と半ば無理やり約束を取り付けた。

翌日、ランチを食べながら鈴木は本居に「システム開発部が何を考えているか？」「どう仕事をしているのか？」「どんなコミュニケーションをすると助かるのか？」を根掘り葉掘り聞いた。意外にも本居はそれらの質問一つひとつに丁寧に回答してくれた。

最後に鈴木は「相談ばかりしてしまって、すいませんでした。本居さんは何か私に言いたいことはありませんか？」と努めて明るく尋ねた。

すると、本居は「うーん」と唸った後に、「僕はこの組織には必要ない人間なんじゃないかと思っているんです。だから、次のキャリアも検討しはじめています」と言った。

驚いた鈴木が「え！　どうしてそんなふうに思ったんですか？」と聞くと、「うまく言えないけれど、お世辞にも**組織に馴染めているとはいえないし、連携もできていない。逆に僕みたいなメンバーはいない方が仕事しやすかったりするのかもな、と思えてきて**」と相変わらず淡々とした口調で答えた。

鈴木は「そんなことないです」と首を振った。

「本居さん、もしよかったら、私が同期と開いている定期勉強会に来てくださいませんか。あと、デジタル活用プロジェクトチームにも入ってほしいです。少なくとも、**私は本居さんにもっと知見を共有してほしいと思っています**」

鈴木の勢いに呑まれ、本居は「……ありがとうございます」とだけ応えた。

解決のアプローチ

ケース8は、本来優秀なはずの本居の異変を鈴木が気に掛けるところからスタートします。いくら優れた能力やスキルを持っていても、職場の同僚や管理職と協働や交流ができていない状態ではパフォーマンスを発揮しにくく、仕事の先延ばしが発生しやすいことがわかります。そうした人材を抱える組織としては、どのようなアプローチを行っていくとよいのでしょう。

アプローチ❶ 「職場における価値」を感じられるように促す（＊1）

本人が、その職場で「自分に価値がある」と感じているか否かは、仕事への意欲に関わります。そして、仕事への意欲は、そのまま先延ばしへ大きな影響を及ぼします。研究では、自分の職場での価値が低いと感じている場合は先延ばしにつながり、逆に、組織の一員として自分ならではの価値を感じ、組織のために力を尽くそうと思っていれば先延ばしが抑制されることが確認されています。つまり、社員が「組織の中での自分に価値がある」と思えるような環境を整えていくことが重要だといえます。

▼組織でできること

組織として行える対策としては、チームに貢献している人をきちんと称える、表彰するといったことが挙げられます。ケース2・アプローチ①でも述べましたが、貢献したことを周囲の人間や会社から評価されることで、表彰された当人は自分の持つ価値を感じることにつながります。表彰が大仰に感じる場合は、各部署の役割やそこで貢献している社員を紹介する資料を全社で共有するといった形で、普段の環境に近い形式で評価するのもよいでしょう。

この対策は、必ずしも多くの社員が体験できるわけでないので、導入に躊躇するかもしれません。そこで、例えば社内のイベントを開き、感謝の気持ちを示すといった方法もあります。昨今は仕事とプライベートを分けたい社員も少なくありませんが、イベントの主旨として「会社が社員を大切にしていること」を表明していくことで、「大切にされるほどの価値を発揮できている」と感じられます。

対策のアイデア

- 組織への貢献の高い社員を称える
- 各部署の役割や貢献を紹介する資料を作成し、全社で共有する
- 社内のイベントに招き、感謝の気持ちを示す

▼本人ができること

本人の対策としては、社内のさまざまなプロジェクトやイベントに積極的に参加することが挙げられます。社内で多様な関係性を築くことができ、また、会社の一員であるという実感を持ちやすくなるので、自分が組織の中で価値ある存在だと感じることにつながります。

対策のアイデア

・社内のプロジェクトや行事に参加し、組織への貢献を実感する

アプローチ❷ 上司による受容的なコミュニケーション（＊2）

職場に相談相手がいることは、社員の孤立化を防ぎ、仕事への意欲を継続させていくことにつながります。そこで有効な管理職のあり方が、「インクルーシブ・リーダーシップ」です。これは受容的な接し方をするリーダーシップの一つのスタイルです。

インクルーシブ・リーダーシップは、それぞれのメンバーの自律性を尊重するリーダーシップの

あり方です。叱責や指導ではなく、傾聴や交流をベースにしていくことで、部下は「自分が認めてもらえている」と感じることができ、組織の中で「自分の存在意義」を感じ取ることができます。その結果、仕事に対しての意欲が湧き、先延ばしが起きにくくなります。

また、「カウンセリング」が先延ばしの対策となることも明らかになっています。具体的には、仕事をどのように進めたらよいのかというハウツーの相談だけでなく、「仕事を成功させる自信が無い」という不安などの相談に乗ることが、仕事が実際に好転するまでの間の報酬（ケース2・アプローチ①）として機能するため、有効だとされています。仕事への問題を抱えている社員の相談に乗ることによって、先延ばし傾向を落ち着かせる効果が期待できます。

こうした点を踏まえ、対策の方向性としては、上司と部下が普段から気軽に関わり合うことが挙げられます。問題が生じたときにだけコミュニケーションを取るようでは、インクルーシブ・リーダーシップにはなり得ません。

▼組織でできること

周囲の対策は、既述のインクルーシブ・リーダーシップのように、周囲が自律性を尊重し、受容的な接し方をすることです。ただ、管理職としては、対応を急に切り替えると「部下に任せすぎることにならないか」と難しさを感じる部分もあるでしょう。そこで、まずはマイクロマネジメントにならないように注意していくことが土台となります。というのも、仕事の進め方や進捗を過剰に確認するようなマイクロマネジメントが行われると、部下は「信頼されていない」と感じ、上司に対して受容的な態度を感じることができないからです。

メンバーの自律性を重んじてどんどん意見を出してもらったり、関心のある分野の挑戦を後押ししたりすることで、関係性を構築していくことができます。なお、自律的に動きやすくするため、ケース3のように失敗を恐れず挑戦する姿勢を肯定する雰囲気（48ページ）も重要です。

対策のアイデア

・自分の接し方がマイクロマネジメントになっていないか注意する
・メンバーの自律性を重んじつつ、必要な支援を行う。細かな指示は控える
・メンバーの新しいアイデアを積極的に採用し、挑戦を後押しするが、失敗は責めない

▼本人ができること

インクルーシブ・リーダーシップを引き出していく本人の関わりとしては、定期的な1on1ミー

ティングで自分自身の進捗や悩みを伝えて、アドバイスを得ていくことが挙げられます。「頼る」ことに抵抗感がある人は、支援があることで自分の自律が進んでいくと理解できるとよいでしょう。日頃からメンバー同士で感謝を伝え合うなど、お互いの貢献を認め合う雰囲気づくりも大切です。

対策のアイデア

・定期的な1on1ミーティングを活用して、上司に進捗を報告し、アドバイスをもらう
・メンバー同士が互いに貢献を認め合う雰囲気づくりに努める

◎参考文献

＊1　Lin, H. (2018). The effect of inclusive leadership on employees' procrastination. Psychology, 9 (04), 714.

＊2　Schouwenburg, H., Lay, C., Pychyl, T., & Ferrari, J. (2004). Counseling the procrastinator in academic settings.　https://doi.org/10.1037/10808-000.

ケース9

自己流でやらざるを得ない……

～フォロー不足で先延ばす～

2年間他社で勤務した後に転職活動を経て、マーケティング部に入社した長谷川聡。マーケティング部は5年ぶりに社外からメンバーを迎えた。部内に長谷川の年齢に近い社員はいない。長谷川は周囲に遠慮し、なかなか話しかけることができないまま数ヶ月が経ち、自己流の仕事の仕方に限界を感じていた。そのタイミングで声をかけたのが社歴5年の細田誠だった。

長谷川は5年ぶりにマーケティング部に入社した若手だった。2年間、関西にある他社で勤務し、その後、地元の関東近郊に戻ろうと転職。念願叶って、入社が決まり、マーケティング部への配属となった。

マーケティング部は会社のエース級の人たちが集い、とても華やかだ。みんなが忙しくバリバリと働いているので、新参者の長谷川が話しかけるには勇気が必要だった。

最も年が近い社員でも、社歴5年の細田になる。

細田は大きなプロジェクトに抜擢されたばかりで、張り切って仕事を進めているのが入社したての長谷川にも見て取れた。

「自分もあんなふうになれる時期が来るのだろうか」と、細田の活躍をぼんやりと眺めていた。

仕事は毎日毎日、次から次へとやってきた。先輩たちのプロジェクトのデータ整理が中心だ。自己流でＥｘｃｅｌ上の数値を処理していくことはできる。

しかし、**「それが何の役に立っているのか」「本当に活かされているのか」は長谷川にはよくわからなかった。**

また、次第に自己流では対応できないタスクも頼まれるようになっていった。なんとなく、**先輩たちは「彼なら教えなくてもわかるだろう」と思っているような気がして、長谷川は誰にも質問できずにいた。**

長谷川に託された**自己流では対処ができないタスクは、どんどん後回しになり、気になりながらも着手できない**塩漬け状態が続くようになっていった。

そんな長谷川の様子に気づいたのは細田だった。

そういえば、自分がOJTをしてもらった2年先輩の宮橋のような存在が、長谷川にはいないことに気づいたのだ。長谷川に目を配っていると、朝から晩までパソコン画面に張り付いて、周囲とはほとんど言葉を交わしていない。

「しまった……」

細田は思った。

細田は大きなプロジェクトに没頭して、長谷川の様子を気にかけてこなかった。もしこの状態が続けば、長谷川も1年前の自分同様「会社を辞めたい」と言い出しかねない。

細田は何気ない様子で長谷川に話しかけた。

「長谷川くん、ちょっとコーヒー買いにいかん?」

急に話しかけられた長谷川は驚いていたが、すぐに嬉しそうな表情を浮かべ、「はいっ!」と返事した。

1階のコーヒースタンドに向かうエレベーターの中で、細田は長谷川に「仕事は慣れた?」「楽しめている?」などいくつか質問をした。しかし、長谷川はそのすべてに「そうですねぇ……」「たぶん、楽しいですかね」と歯切れの悪い受け答えをした。

細田は長谷川のキャラクターを掴みきれないまま、コーヒーを2つ注文した。

フロアに戻るエレベーターの中で、細田は「なんか困っていることはある？」と尋ねた。すると、長谷川はこれまでになくハッキリと頷いた。

そして、振り絞るように「**わからないことがあっても、誰に質問していいかわかんないんです**」と言った。

長谷川の言葉を聞いて、細田は今日2度目の「しまったな……」と心の中で呟いた。

「今週末、プロジェクトの打ち上げがあるんだ。長谷川くんにも少しデータ整理をお願いしたやつ。もしよかったら、来ない？**部内で相談できる人を増やせる機会にもなる**かな、と思うし」

長谷川は「いいんですか！」と今にも泣き出しそうな表情で言った。

こうしてマーケティング部に溶け込んでいった長谷川だが、先輩たちに頼られるようになって別の問題が出てくるのは、翌年の話である……。

解決のアプローチ

ケース9では、周囲からのサポートがないままに自己流で仕事を進めていくと、いつか壁にぶつかり、難度の高いタスクは先延ばしにされうるということが描かれていました。組織の中で、どのような環境を整えておくとよかったのでしょうか。

アプローチ❶ 「ジョブ・クラフティング」の「資源の希求」を活用（＊1）

ケース9は、ケース6・アプローチ②で紹介した「ジョブ・クラフティング」の「資源の希求（81ページ）」の考え方で対策を講じていくことができます。タスクを進めるために必要な知識や、誰にどのようなことを手伝ってもらうのかなど、「よりスムーズに仕事を進めるために必要なこと」を整備すれば、タスクに取り組みやすくなり、先延ばしの抑制につながります。

▼組織でできること

組織でできる対策としては、タスクを進めるのに必要な知見を得やすい環境を整えることや、完遂できるだけの時間を確保することです。つまり、それぞれが「資源」を希求しやすい職場をつくっていくのです。

例えば、自部署のメンバーを集めて、あるいは部署を超えた色々な人も集めて、勉強会や交流会の機会をつくります。すると、部署の内外で綿密な関係性ができ、相談しやすい環境が整っていきます。

もしかすると、「他部署との交流は面倒だ」と感じる人もいるかもしれませんが、「少し助けてくれませんか」と言いやすくなる関係ができることは、自身にとって大きなメリットになります。こうした価値をきちんと伝えていくことができるとよいでしょう。

資料や知識を部門間で共有できるシステムを導入するなど、必要な知見や情報にアクセスしやすい仕組みをつくることも効果的です。

対策のアイデア

- 交流会や勉強会を企画し、自部署・他部署の社員と相談しやすい関係を築く
- 各分野のエキスパートに対し、誰もが気軽に相談できる体制を整える
- 資料や知識を部署間で共有できるシステムを導入する

▼本人ができること

本人ができる対策案としては、ケース1・アプローチ②と同様、「難しい状況に直面したときは、きちんと同僚に相談してアドバイスをもらう（24ページ）」ことが方針となります。一方で、助けを求めることを、自分の能力不足をさらけ出すことのように感じ、抵抗感を覚える人がいるかもしれません。ただ、長い目で見れば、周囲の知識や知恵を借りたほうがうまくいくので、むしろ有意義であることを理解できるとよいでしょう。

また、忙しくても社内の勉強会や研修に参加することが、将来の自分を助けることにつながります。先を見て、いざというときに使える知識や、相談できる相手といった将来的なリソースを得ようとする姿勢を持つことがポイントです。

対策のアイデア

- 困難な課題に直面した際、専門知識を持つ同僚に相談し、アドバイスをもらう
- 社内の勉強会や研修に参加し、将来的なソリソースを蓄える

アプローチ❷ 仕事の裁量の「諸刃」を意識して委譲する（＊2）

今回のケースは、仕事を自己流で進める必要がある、言い換えれば、仕事の裁量が大きい状況です。実は、仕事の裁量は、先延ばしを生じさせる効果と抑制する効果がともにある「諸刃の剣」です。長谷川のケース以外にも、仕事の裁量が先延ばしを生じさせる可能性を紹介します。

これまでにも見てきたように、「仕事に魅力を感じていない」ことは、先延ばしが生じる大きな原因です。それに加えて、「仕事以外のものに魅力があること」も原因となり得ます。例えば、仕事の最中にネットサーフィンをしてしまったり、同僚との雑談に興じてしまうのは、そちらの方が仕事より魅力を感じているからだといえます。仕事に裁量がある場合、作業を自分で管理しやすくなります。つまり、仕事以外の誘惑に流されやすい環境にもなりえるため、先延ばしが生じやすくなるのです。

よって、「厳しくマネジメントしたほうが誘惑に流れないのでは」という主張も一理あります。ただし、仕事に裁量や自律性があることで、やりがいや魅力が高まれば、先延ばしを抑制する効果があります（ケース8・アプローチ②）。加えて、細かな指示出しや裁量のない仕事では魅力が下がるため、結果的に先延ばしが生じる可能性は残ります。

さらに、裁量を与えるということは、「権限の委譲」「仕事の委任」をすることであり、「放置」

ではありません。「任せる」こととは、意図的な行為であり、目的を共有したり必要なサポートは行ったりするといった「仕事を進めるのに適した枠組み」が必要になります。きちんと「任せる」ことで、総じて仕事の魅力を高め、先延ばしを防いでいくことができるでしょう。

▼組織でできること

組織ができる対策案としては、権限委譲の仕組みをつくっていくことが挙げられます。

例えば、上司の姿勢として、メンバーにどんどん仕事を任せていきつつ、困った時には支援をし、結果には責任を持つことを示していくことが重要です。同様に、部下自らが実践するチャレンジを奨励するような評価制度を導入し、失敗しても前向きにフィードバックする仕組みも効果があります。

「企画会議でメンバー全員が自由にアイデアを出せる時間を設ける」など、自身の考えを表明し実行する機会をつくっていくことも効果的でしょう。メンバーたちの自由な発言で散漫になりすぎる可能性もありますが、まずは「なんでも言える」という雰囲気をつくっていくことが大切です。徐々に建設的な意見交換の場へと発展させていくことで、有効な学びの機会としていくことができます。

対策のアイデア

・メンバーを信頼し、仕事の進め方は各自に任せる。ただし、結果には責任を持つ
・チャレンジを奨励する評価制度を導入し、失敗しても前向きにフィードバックする
・メンバー全員が自由にアイデアを出せる場を設ける

▼本人ができること

本人の対策としては、自分が意思決定できる裁量を明確化し、それを広げていく対策が軸となります。例えば、スケジュールの裁量を少しでも広げていくために、自分で締切を設定して上司に相談することが挙げられます。

「仕事の手順や優先順位を自分で決めたうえで、上司からフィードバックを得る」などの方法もあるでしょう。裁量が広がると、自分の責任が重くなる怖さも同時に感じるかもしれませんが、「多少のミスがあったとしてもそれを次回に活かせばよい」と割り切り、試行していくことで仕事の魅力が増していきます。

対策のアイデア

・タスクの締切を自分で設定し、上司とすり合わせて調整する
・仕事の手順や優先順位を自分で決め、上司にも提案して了承を得る

◎参考文献

＊1 Metin, U. B., Peeters, M. C., & Taris, T. W.（2018）. Correlates of procrastination and performance at work: The role of having “good fit”. Journal of Prevention & Intervention in the Community, 46（3）, 228-244.

＊2 Harris, N., & Sutton, R.（1983）. Task Procrastination in Organizations: A Framework for Research. Human Relations, 36, 987 - 995. https://doi.org/10.1177/001872678303601102.

ケース10

隣に聞けばすぐわかったのに……
～個人で抱え込んで先延ばす～

法務部4年目の渡邊浩人は、隣の席の駿河潤とは挨拶をする程度の仲だった。駿河だけではない。法務部のメンバーのほとんどとは、雑談を交わすこともない関係性だ。10人のメンバーを統括する斉藤峯子部長は、法務部内でのコミュニケーションが欠落していることに問題意識を抱いていた。

渡邊は、営業部などが獲得してきた案件の契約書作成業務やそのメンテナンスなどを担っている。同じように契約書を担当しているメンバーは4人。あとは知的財産やコンプライアンスなどを担当しているメンバーで、計10人ほどが法務部に所属している。

契約書作成の依頼は、担当している部署から直接連絡が来るシステムになっているため、今自分がどんな案件を担当しているのかは、部長の斉藤峯子以外の法務部員に共有されることは少ない。

終始ワイワイと話し声が聞こえる営業部やマーケティング部のフロアに対して、法務部のフロアはカタカタとキーボードを叩く音だけが響き、いつも静まりかえっていた。

渡邊は日々押し寄せてくる契約書作成や確認作業に追われていた。その中で、どうしても細かな確認が必要だったり時間がかかりそうだったりするものは、後回しにしてしまう。

先日は、営業部の2人がデスクにまできて進捗を尋ねてくる一幕があった。周囲の法務部のメンバーが作業する手を止めることはなかったが、耳をそばだてていたに違いない。恥ずかしい……。

あの一件を反省し、少し手の空いたタイミングで、渡邊は今抱えている依頼の状況をもう一度確認していたところ、隣が騒がしくなった。同じく契約書作成業務を担当している駿河潤のデスクだ。

「駿河さん、あの契約条件で問題ないか、まだ確認できないでしょうか?」

目をやると、営業部の加藤正仁が駿河に対し、申し訳なさそうにしつつもやや焦った様子で尋ねている。駿河のほうはまだ対応していなかったらしく、しどろもどろだ。

静かな法務部でのやり取りは、どうしても耳に入ってくる。渡邊は「まあ、駿河さんの仕事だから」と思って自分のパソコンに向かい、2人の声を聞き流していた。しかし、次第にその会話が気になって仕方がなくなっていった。渡邊がこの前、営業部にせっつかれて作成した契約書の内容とほぼ同じに思えたからだ。

渡邊は思わず「あの」と声を出し、会話に割り込んだ。駿河と加藤は一瞬きょとんとしたが、渡邊の次の言葉を待った。

法務部で声を発しているのが自分だけになっている状況にまた恥ずかしさを覚えたが、渡邊は自身が担当した案件がほぼ同じなので参考になるのではないかと伝えた。そして、自分が駿河に情報共有するので、駿河が細部を確認でき次第、すぐに加藤に連絡するのはどうかと提案した。

翌日、渡邊と駿河は斉藤部長に声をかけられた。駿河からの回答は昨日のうちに済んでいたが、加藤の上司である戸田匡課長から斉藤に話があったようだ。

「2人とも、昨日はお疲れ様。せっかちな戸田さんからちょっと言われたけど、**渡邊さんが似た案件を駿河さんに共有してくれたおかげですぐ解決できて助かったわ**」

斉藤は笑顔でねぎらってくれた。思えば、自分がこれまで後回しにしたことも、駿河やほかのメンバーがすでに経験していて、聞けばすぐ解決したのかもしれないと、渡邊は振り返った。

すると斉藤は少し真剣な表情になり言葉を続けた。

「でも、**隣同士なのにこれまで情報共有や交換がなかったのは、法務部の風土としてよくなかっ**

たかも。そこで今後は、**一つの案件に対して主担当・副担当制にして、チームでできる仕組みを考えてみたい**と思う。そのときはまず2人にコンビを組んでもらうからよろしくね」

渡邊と駿河は顔を見合わせた。

解決のアプローチ

ケース10は、それぞれの社員が各自で仕事を進めることで情報が共有されず、結果的に仕事の先延ばしが発生している事例でした。これは決して珍しいことではなく、高い専門性を持つ仕事や交流が少ない組織内で起きやすい課題だといえるでしょう。こうした事態に対して、組織的にどう対策を立てていくことができるでしょうか。解決のアプローチを考えます。

アプローチ❶ 仕事におけるタスクの相互依存性を高める（＊1・2・3）

仕事の「相互依存性」を高めることで、先延ばしが抑制される効果が報告されています。相互依存性とは、「タスク達成のために他者と協力する必要性」のことです。社内の協力体制を強化し、円滑なコミュニケーションを促進することで、社員は前向きに取り組めるようになり、先延ばしの抑制につながります。

つまり、自分のタスクと他のメンバーのタスクがどのくらい関連しているのかという「タスクの依存性」を高めていくことが、対策の方向性になります。他の人と一緒に取り組む必要性が出てくるので、自分の仕事を進めながらも、他の人にも頼らざるを得なくなります。

このタスクの相互依存性には複数のパターンあります。例えば、関わるメンバーが横一列で「同時並行で各々のタスクを進める」パターン。もしくは、「何かを進めた後でないと、次には進められない」という順序があるパターンです。

職場や職種によって、タスクの相互依存性をどこまで実現できるかは異なります。また、例えばＩＴ系職種など、相互依存性の低さこそがハイパフォーマンスにつながる環境もあります。しかし、そのような職であっても現段階で先延ばしが問題になっている場合には、「できるだけメンバーが担うタスクを重ねていくこと」も対策として一考する価値があります。

▼組織でできること

組織でできる対策案としては、「相互依存性」という表題の言い換えのようですが、チーム単位で仕事を任せることです。具体的には、仕事の進捗やタスクをメンバー間で共有する機会を設けるとよいでしょう。

あるいは、組織の仕組みとして、協調性を評価する人事制度を導入したり、社内ＳＮＳの積極的な活用を促進するといった対策を講じるのもよいでしょう。個人とチームの成果は両立することを伝え、職場の風通しもよくなれば、社員同士で「協力し合おう」という意識が芽生えやすくなると考えられます。

対策のアイデア

- 個人単位で仕事を任せるのではなく、チーム単位で仕事を任せる
- 協調性を評価する人事制度を整え、連携を促進する職場の雰囲気を作る。個人とチームの成果は両立することを周知していく
- 社内ＳＮＳを活用し、部署や役職を越えた情報交換を活性化する

▼本人ができること

タスクの付与は上長からなされることが多いものなので、本人がタスクの内容自体を協力し合うよう変えることは難しいかもしれません。しかし、それぞれのメンバー間のコミュニケーションを密にして、情報連携を図っていくことはできるでしょう。

例えば、こまめに情報共有の場を設けたり、チャットツールでやり取りしながらタスクを進めたりするアプローチが考えられます。

対策のアイデア

・こまめに進捗状況を共有し、情報連携を密にする。チャットツールも活用する

アプローチ❷ 目標の肯定的な相互依存性を高める（＊2・3）

アプローチ①では「タスクの相互依存性」を説明しましたが、アプローチ②では「目標の肯定的な相互依存性」を紹介します。目標の肯定的な相互依存性とは、個人の目標と他のメンバーの目標を重ね合わせ、協力し合う状態のことです（「肯定的」とは、目標達成のためにメンバーに一方的な負担をかけない、足を引っ張らない、という意味合いを強調するニュアンスがあります）。

「タスクの相互依存性」と同様に、「目標の肯定的な相互依存性」が高い場合には、先延ばしを抑制する効果が期待されます。目標に対する取り組み方、あるいは取り組む過程で生じる困難を共有すると、お互いのノウハウが共有され、どのような支援が必要なのが分かりやすくなります。

これにより、目標の達成につながる能力の向上やサポートの提供が進み、先延ばしをせずにタスクを進めることが可能になります。つまり、「チーム全体で目標を共有していく」「お互いの目標が

近くなるような状態をつくっていく」こと、逆にいうと、「ひとりで進めない」「孤立して作業をしない」ことが、先延ばしを防ぐ鍵だといえます。

組織でできること

チームの目標と個人の目標をきちんと関連づけることが、組織ができる対策案の方向性になります。それぞれの目標が分断されているのではなく、「チームの目標」としてリンクし合い、お互いに理解できるようにしておきます。これにより、チーム全員で目標達成に向かっていく体制を作ることができます。

目標達成度の高いチームを表彰するなど、「目標の肯定的な相互依存性」を推進する仕組みを導入するアプローチも有効です。自身の進捗がよくない場合、後ろめたさやプレッシャーを過度に感じるメンバーが出るかもしれませんが、個人の功績はチームの功績であり、その逆も然りだと捉えていく風土づくりを同時に進め、前向きな意欲を育んでいきましょう。

それぞれのグループに対してサポートをするようなアドバイザー、いわば「潤滑油」にあたるような役割を設け、互いの協力を促していく体制づくりを行う方法もあり得ます。現在は、人員のリソースをギリギリの状態まで切り詰めている職場が多く、こうしたサポートをする役回りの人が少なくなってしまいました。意識的にこうした人を配置することができれば、組織での助け合いが生まれていきます。

対策のアイデア

・チームの目標と個人の目標をリンクさせ、全員で目標達成を目指す体制をつくる
・メンバー同士が互いの仕事内容を理解し、助け合える環境を整える
・達成度の高いチームを表彰し、功績はメンバー全員で分かち合う
・各グループにサポート役の社員をアドバイザーとして配置する

▼本人ができること

本人の対策としても、目標が他のメンバーと重なり合う状態をつくっていくことが、基本的な方向性です。例えば、個々人が働くうえで持っている業務上の目標をお互いに共有します。そして、目標達成のために支援し合えるような関係性を構築していくことが軸になるでしょう。

とはいえ、「個々人の目標に対して関心を払うのは余計なお世話ではないか」と思う風潮もあります。そのような場合には、メンバー同士で目標を共有することで相乗効果が生まれていくメリッ

トを理解させられるよう、働きかけるとよいでしょう。

そして、他のメンバーと学び合い、情報を共有する機会を多く設定していきましょう。例えば、「重要なプロジェクトの進捗報告会で、メンバー同士が応援メッセージを書く」ことが挙げられます。「応援メッセージなんて照れくさい」と思われがちですが、メンバー間での励まし合いが、目標達成の原動力になっていくと理解していくと活動に広がりが生まれますし、実際にそうした取り組みを導入している企業も確認されています。

対策のアイデア

- 個人の目標をオープンにし、互いに支援し合える関係性を築く
- プロジェクトの目標を自分のこととして捉え、チームの成功に貢献する意識を持つ
- 重要なプロジェクトの進捗報告会で、メンバー同士が応援メッセージを書く

◎参考文献

＊1　Bellini, C. G. P., de Faria Pereira, R. D. C., & Correia, R. R.（2022）. The Environment of Task Procrastination: A Literature Review and Implications for the IT Workplace. Information Resources Management Journal (IRMJ), 35(1), 1-23.

＊2　Bertucci, A., Hilk, C., Johnson, D., & Johnson, R. (2016). Effect of Task and Goal Interdependence on Achievement, Cooperation, and Support Among Elementary School Students. International Journal of Educational Research, 79, 97-105. https://doi.org/10.1016/J.IJER.2016.06.011.

＊3　Patria, B., & Laili, L.（2021）. Writing group program reduces academic procrastination: a quasi-experimental study. BMC Psychology, 9. https://doi.org/10.1186/s40359-021-00665-9.

ケース11

みんな遅らせているし…
～職場の雰囲気に流されて先延ばす～

広報部に異動した宮橋真希。先輩や課長の土井樹はワイワイと仕事をしている。半年もすると、次第に宮橋も広報部の風土に慣れていった。そんな折、古巣のマーケティング部の課長・町田順次から、「部門間で連携して発信物を作成したい」というオファーが舞い込む。担当者に抜擢されて張り切っていた宮橋だったが……。

昨年、マーケティング部から広報部に異動した宮橋。マーケティング部ではあらゆる物事がスピーディに進行していたので、それに振り落とされないようにと必死だった。もし自分が波に乗り遅れたら、会社自体に大きな損害をもたらすかもしれない。メンバー全員がそんな危機感を抱きながら、やりがいを持って働いていたように思う。

うって変わって、広報部には穏やかな空気が流れていた。発信物をネガティブチェックする時には、ミスがあってはいけないとピリピリするが、宮橋のいるクリエイティブチームにはあまり関係がない。

先輩たちが「すいません、午前締切だったやつですー」などと言いながら午後に資料を提出している様子もよく見かけたし、課長の土井はそれに対して「おお！　ありがとう」と受け取り、スケジュールの遅れに対してフィードバックする気配もなかった。

半年後、宮橋も自分の受け持った仕事を、ギリギリで仕上げるようになっていた。**最初は違和感のあった広報部のスケジュール感覚に対しても、いつの間にか「こういうものだ」と思うようになっていた。**

宮橋の古巣のマーケティング部の課長・町田から広報部に依頼がきたのはその頃だ。「部連携で発信物を作りたい」という相談だった。土井課長も乗り気で、マーケティング部の経験がある宮橋が担当となるよう指名された。2ヶ月後にはドラフトを作成し、その後は順次ブラッシュアップを図っていくスケジュールだ。

宮橋は自身のキャリアを活かせると、張り切ってこの仕事に臨んだ。

2ヶ月後のマーケティング部との会議の前々日、宮橋は慌てていた。**約2ヶ月間寝かせてきてしまった例の案件**。蓋を開けてみると、マーケティング部の担当者に確認を取らなければいけないことが複数あったのだ。

しかし、外出も多いマーケティング部のメンバーはいっこうにつかまらない。

マーケティング部と広報部が一堂に会する会議では、宮橋の作ったドラフト版が共有された。宮橋は、昨晩寝ずに作成にあたったものの、突貫のため所々に穴があり、会議は散々なものとなった。町田課長には、「宮橋さん、ここはマーケティング部のメンバーに確認して作成した？」と突っ込まれた。宮橋は「いや、それが……間に合わなくて」と返すことしかできなかった。

会議後、土井課長に呼び出された宮橋は申し訳なさでいっぱいだった。そんな宮橋を見て、土井課長は口を開いた。

「町田さんに、『先ほどの会議は宮橋らしくない。広報部で何かあったんですか？』と言われちゃったよ。宮橋さん、広報の仕事で困っていることはある？」

土井課長の優しい言葉に、宮橋はますます自分が情けなくなった。

一瞬、言い訳を考えたが、「そんなことをしても仕方がない」と思い直し、本当の原因を伝えた。

いつの間にか「広報部での仕事は〝ギリギリ進行〟でなんとかなる」という甘えが生まれていたこと。

今回もその調子で、作成にあたってしまっていたこと。

そして、その結果、迷惑をかけることになってしまったこと……。

土井課長は、宮橋の思いの丈を「うんうん」と頷きながら聞いた。そして、「そうかぁ。**広報部全体の風土を見直していかないといけないい**かもなぁ……」と呟いた。

解決のアプローチ

ケース11では、部署の雰囲気に慣れていくに従って、次第に先延ばしをするようになっていったストーリーを紹介しました。人は、環境の影響を大きく受けるものだということがよくわかる話です。すでに先延ばしの雰囲気が根付いてしまっている組織では、どのようにその雰囲気を打破できるのでしょうか。

アプローチ ルールや情報共有で、職場の環境・意識を変えていく

職場で先延ばしがどう受け止められているかが、個人の先延ばしに影響を与えていることが研究によって明らかになっています。

ある調査では、職場や仕事で先延ばしが許容される度合いと、自分自身がどのくらい仕事を先延ばしにするか、それぞれ尋ねました。その結果、「先延ばしが許されるような職場で、かつ自分も先延ばしをする」と回答した人は全体の1割程度確認されました。職場や業務の特徴も踏まえる必要がありますが、先延ばしが常態化する職場というのも、一定程度あり得るわけです。

一方、「先延ばしが許されない職場で、自分も先延ばしをしない」と回答する人が4割程という

結果となりました。直接的な因果関係が確認されているわけではないのですが、「職場で先延ばしが許されない」という雰囲気は、個人の先延ばしに影響する度合いが大きいと見てよいでしょう。

したがって、対策の方向性としては、「先延ばしを抑制する職場の風土を醸成する」「全員で先延ばしに対する感度を高めていく」こととなります。

▼組織でできること

組織ができる対策案としては、「クライアントへの提出締切の3日前には資料を完成させる」といった社内ルールづくりをしていくことが挙げられます。「締切に余裕をもっておくことが当然だ」という環境を、改めてつくっていくのです。

「ルール化」すると、管理が強まったと感じ、反発する声が出てくるかもしれませんが、「目安は必要」であることは強調しつつも「締切延長の相談には応じる」とも伝え、柔軟に対応していくことが先延ばしの抑制につながります。

あるいは、先延ばしの弊害について事例を収集する施策も考えられます。メンバー間で共有し、リスクの大きさを可視化したり、締切を守る重要性を周知していくなど、組織全体で失敗事例から学んでいく仕組みを導入すると良いでしょう。

対策のアイデア

・「締切3日前完成」をルール化。標準的な進め方としつつ、柔軟にも対応
・先延ばしの弊害について事例を収集し、リスクの大きさを可視化する。組織全体で失敗事例から学んでいく

▼本人ができること

本人の対策としては、ケース1・アプローチ②と同じくToDoリストを作成し（24ページ）、それを終業前に職場で共有することが挙げられます。業務の「見える化」によって、先延ばしを防ぐ雰囲気が醸成され、結果的には仕事の質の向上につながります。

職場の先延ばし文化を変えるためにも、何度か言及してきたように、進捗状況を報告し合う場を設けるなどの施策も有効です。全体での共有が難しい場合は、まずは気軽に共有がしやすい同僚同士で共有を始めるのがよいでしょう。

対策のアイデア

- ＴｏＤｏリストを毎日作成し、終業前に職場で共有する。翌日のタスクも伝える
- 同僚同士で、仕事の進捗状況を共有する場を設ける

◎参考文献

＊1 Vveinhardt, J., & Sroka, W. (2022). What determines employee procrastination and multitasking in the workplace: personal qualities or mismanagement?. Journal of Business Economics and Management, 23(3), 532-550.
URL: https://doi.org/10.3846/jbem.2022.16178

第3章

ちゃんと見てくれているのかな？

【組織内の評価をデザイン】

ケース12

うちの上司、頭固すぎ！

〜上司と馴染めず先延ばす〜

システム開発部のメンバーは常に様々な業務に忙殺されていた。そんな過酷な状況下でも、田山進次郎が2年間業務を続けてこられたのは、チームリーダーの加賀拓による配慮のおかげだ。一方で、メンバーの意見を汲み上げない課長の大木康生については腹に据えかねていた。そんな中、大木課長直轄の新プロジェクトが動き出す……。

システム開発部の田山は、課長の大木に腹を立てていた。転職して2年間、彼の下で仕事をしてきたが、業務の一方的な通達のみで組織の状況を考えていない。チームリーダーの加賀による采配のおかげで、多忙すぎる現場はなんとかやりくりできていた。みんな疲弊しているが、加賀の穏やかさに救われて、なんとか業務に打ち込めている状況が続いていた。

大木課長には、チームの他のメンバーも不平不満が募っている。営業部の言いなりで、スケジュール調整もせずにどんどん開発依頼を受けてしまう。チームメンバーが苦言を呈しても、「会社の決定だから仕方ない」と取り合わない。

部のメンバーからは、「頭が固すぎる」「部下のことを全く考えていない」とさんざんな言われようだった。

そんな課長直轄の仕事が動きだしたのは、田山が他にも2つビッグプロジェクトを抱えているタイミングだった。

クライアントワークではなく、営業部内の販売システム整備を進めるプロジェクトのため、大木課長が営業部と直接やりとりをしながら進行していくことになった。

田山は内心イライラしていた。**大木課長から、形式的な指示がメールで飛んでくるばかりで、ねぎらいの一つもなかったからだ。さも、会社の指示に従うのは当然だ、と言われているような気になってくる。**

その結果、田山は**先に抱えていた大型プロジェクトに掛かりきりになり、どうしても気が乗らない営業部の販売システム整備の仕事は、どんどん後回しになっていった。**

数週間後、田山は加賀に話しかけられた。

「2大大型案件の進行、本当におつかれさま！　そういえば、営業部の販売システム整備の方はどうなっているの？」

先延ばしにしていた負い目もあるが、大木課長への鬱憤がたまっていた田山は、「大木課長の対応が腹立たしくて、どうしても前向きに取り組めなくて」と言った。

眉を顰めた加賀は、「そうなんだ。**大木課長に直接話を聞きに行ったりはした？**」と尋ねた。

田山は、「いえ……」と言うしかなかった。

加賀は田山の様子を見て、続けた。

「大木課長は確かに色々と問題がある。でも、コミュニケーションをとっていかないと、指示の背景にあるものまではわからない。**田山さんから話しかけてみてはどうかな。時には、こちらが変わっていくことも必要だとは思うんだ**」

加賀のアドバイスはもっともだった。

「でも、癪ですよね……」と田山は下を向いた。

頭では上司とのコミュニケーションを取るべきだとわかっている。しかし、**「なぜ、自分が折れなければいけないんだ」という思いもある。**

そんな様子を見て加賀も、「田山さんの気持ちはわかるよ」と言った。

そして、「これは**田山さんだけの問題ではなくて、チーム全体の課題**だよね。中途で新たに2名入ってきたタイミングでもあるから、**ランチ歓迎会をしたり大木課長に我々の勉強会に参加してもらったりと、ちょっと一緒に働きかけてみない？**」と朗らかに言った。

「そのくらいならばできるかもしれない……」

と田山は思った。

解決のアプローチ

ケース12では、上司と部下の関係性から先延ばしが生じている事例を取り上げました。人と人との関係性なので、意見の食い違いやわかり合えないことは、どの職場でも起こり得ます。こうした場合には、部下（本人）、あるいは上司（周囲や組織）はどのように働きかけるとよいのでしょうか。解決のヒントを探ります。

アプローチ❶ 上司と部下の関係性の質を高めていく（＊1）

「上司との関係がどのような状態か」が、先延ばしに影響を与えることがわかってきています。上司と部下の関係の質を表す「ＬＭＸ（Leader Member Exchange）」という概念がありますが、「リーダーとの関係性」の質があまりよくないと、先延ばしや拒否をはじめとした職場から身体的・心理的に距離を置こうとするような行動が助長されることが明らかになっています。

逆に、関係性が密で信頼関係を築けていれば、部下は上司から、ひいては組織から潤沢なサポートを受けていると感じることができ、職場での安心感が高まります。また、そうした安心感をもたらしてくれる上司や企業側に貢献したいという気持ちから、それに反するような行動全般を減らすように努めるため、先延ばしが生じにくくなるのです。
したがって、基本的な対策の方針は、上司と部下の関係性の質を高めていくことといえます。

▼組織でできること

周囲の対策としては、上司の側からコミュニケーションを取って関係性の構築に努めていくことが重要です。その際に、行動指針やマネジメントの方針など自分が大事にしている軸を部下に示していきましょう。これにより、部下は自身がどう振る舞えばいいのかを認識することができます。

また、部下の話に耳を傾け、不安や懸念に寄り添うことも、基本的な対応ですが必要です。すぐに結論を出さず、話しをじっくりと聞くということを心がけるのがよいでしょう。一人ひとり話を聞いていては業務がおろそかになりそう、と懸念する人もいるかもしれません。しかし、「話を聞く」ことは人間関係の要諦ともいえます。

良質な関係は部下の仕事の質を高めるので、時間を割くことはむしろ適切な対応と考えるのがよいでしょう。交流の機会を増やすという目的では、業務上のやり取りだけでなく、交流会やレクリエーションを企画することも一案です（上司から部下への日頃の接し方については、当ケース・アプローチ②も参考になります）。

対策のアイデア

・リーダーとしての心構えや行動指針を示す。そして、自らが模範となって実践する
・部下の話に耳を傾け、不安や懸念に寄り添う。すぐに結論を出さず、じっくり聞く
・交流会やレクリエーションを企画し、部下との交流を深める

▼本人ができること

上司との関係性の質を向上させるために本人ができることは、1on1ミーティングなどの場を活用し、業務上の悩みや苦労を、上司に率直に伝えていくことです。上司に弱みを見せるのは抵抗感があるという人もいるかもしれません。しかし、メンバーから自身の弱さを開示することは、相手の信頼を得ることに有効であり、逆に上司も自分の率直な気持ちを伝えやすくなります。

ミスやトラブルを未然に防ぐ、あるいは、それらが発生しても小さな段階で対処するために、普段からの〝報連相〟を強化し、対策も一緒に立てていくということも大切です。もし今回のケースの田山のように、上司に苦手意識やネガティブな印象を既に持ってしまっている場合は、間に立ってくれる人を探すことで、関係改善のきっかけにするのがよいでしょう。

こうした日々の細かいコミュニケーションによって、上司と部下の良好な関係が構築されていきます。

対策のアイデア

- 1on1ミーティングを活用し、自分の悩みや苦労を上司に率直に伝える
- 日頃から業務の報告や相談をし、コミュニケーションを密にする
- 上司との間に入ってくれる存在を見つけて、関係改善のきっかけにする

アプローチ❷ 上司による部下想いのリーダーシップ（＊2）

上司と部下の関係性を構築していくためには、上司がよいリーダーシップを発揮していくことが欠かせません。リーダーシップにもさまざまな種類がありますが、部下との関係性に注目したリーダーシップと先延ばしの関連が報告されています。

まず、「博愛的リーダーシップ（Benevolent leadership）」は先延ばしの抑制に有効であることが

確認されています。博愛的リーダーシップとは、リーダーがメンバーを家族のように扱い、世話をし、励ます姿勢です。

こうした振る舞いを受けた部下は、そこで受けた恩を返したいと考えます（これは「互恵性のメカニズム」と呼ばれます）。その一環として、先延ばしにしてしまいそうな仕事に対しても、上司との関係を良好に保つために、積極的に取り組むようになるのです。

逆に、部下に絶対服従を求めるような「権威的リーダーシップ（Authoritative leadership）」を発揮すると、関係性にはマイナスの影響を及ぼします（類似したケースとしてケース19・アプローチ①も参考）。これには、いくつかのメカニズムが指摘されています。

権威的リーダーシップを発揮する人は、権威を保とうとして部下に情報を開示しない傾向や、成功を評価しない一方で失敗は厳しく追及するという特徴も併せ持っています。そのせいで、部下は仕事を「上手くこなせないかもしれない……」と感じて自己効力感の低下（ケース3参照）が生じたり、失敗のプレッシャーを感じたりして、先延ばしをしがちになります。

また、権威的なリーダーシップをとる気がない人でも、留意すべき状況があります。それは、部下にとって不合理だと感じるようなタスク（163ページ参照）を与えてしまうことです。普段、部下想いの接し方をしていた分、「言っていることとやっていることが違う」と感じさせ、逆に不信感を抱かせてしまうという結果が示されました。例えば、そうしたタスクについても、その遂行に寄り添ったり、不合理だと感じる気持ちをなだめるなど、まさに日常的に、部下を思いやるような接し方を続けていく必要があるということです。

▼組織でできること

アプローチ①でも触れたように、上司は日頃から、部下との関係構築のための対策を講じていくことが重要です。例えば、部下の仕事ぶりをきちんと見て、努力を認めて声をかけていくことの繰り返しにより、信頼関係がつくられていくのです。あるいは、部下の失敗をフォローし、一緒に改善策を考えることで、「自分を助けてくれる」「親身に接してもらえる」と感じてもらうことへつながるため有効です。

逆に、部下が「上司は自分のことを全て見てくれていない」と感じてると、関係をうまく構築できません。部下の成長を願う気持ちを伝えつつ、あたたかく見守っていくことが大切だと理解しましょう。その点では、日々の会話の中で、時折、部下の趣味の話題などを織り交ぜるなど、興味関心を分かち合おうとする姿勢を見せていくアプローチも考えられます。

対策のアイデア

・部下の仕事ぶりを観察し、努力を認めて声をかける
・部下の失敗をフォローし、一緒に改善策を考える
・部下の趣味などの話題を時折織り交ぜる

▼本人ができること

リーダーシップにおいては、基本的に上司側が担う役割が大きくなります。しかし、部下（本人）ができることもゼロではありません。

例えば、「上司に日頃から声をかけるようにする」「雑談を交わすようにする」といったことが挙げられます。上司が忙しそうで気が引けたとしても、些細な会話を積み重ねていくことで、何かしらの反応を上司から引き出せ、やがてより良質な対応を引き出すきっかけにつながります。

対策のアイデア

・上司に日頃から声をかけ、雑談を交わすようにする

◎参考文献

＊1　Eisenberger, R., Shoss, M., Karagonlar, G., Gonzalez-Morales, M., Wickham, R., & Buffardi, L. (2014). The supervisor POS–LMX–subordinate POS chain: Moderation by reciprocation wariness and supervisor's organizational embodiment. Journal of Organizational Behavior, 35, 635-656. https://doi.org/10.1002/JOB.1877.

＊2　Wang, H., & Zong, G. (2023). Relationship between employees' perceived illegitimate tasks and their work procrastination behavior: Role of negative emotions and paternalistic dimensions. Heliyon, 9(4).

ケース13

仕事配分が間違ってない？

～業務量が多すぎて先延ばす～

営業部のエース・鈴木一乃が大型案件を獲得し、システム開発部はその案件に総動員されることとなった。システム開発部の田山進次郎は、他社のシステム部門から転職して2年が経つ。システム開発部にはリーダーの加賀拓を筆頭に優秀なエンジニアが揃っている。しかし、あまりにも業務が多く、みんな疲弊し切っていた。

「いつもパッパッのスケジュールでの開発案件じゃないか」

システム開発部の田山は、心の中で悪態をついた。営業部が強い会社で、ひっきりなしに発注を取ってくることは素晴らしい。社外にも「あの会社の営業チームは強い」と一目置かれている。

しかし、開発にあたるスケジュールはいつもタイトだ。

今回も、大木課長のプロジェクト進行に目途がついたと思ったそばから、この仕事が舞い込んだ。

田山が転職し、システム開発部に配属になって2年。少しずつ慣れてきたものの、スケジュールに余裕があったことは一度もない。

21時、システム開発部は誰も帰る気配がない。キーボードの音と、時々誰かの独り言が聞こえる。みんな一刻も早く終わらせて、自宅のベッドに倒れ込みたいと思っている。

そんな中で、田山は「ん？　本当にこのまま進めて大丈夫か？」と思う設計内容に直面した。確認しようにも営業部の担当者・鈴木はとうに帰宅している。

「ここで手を止めていたら1週間後のスケジュールには間に合わない。明日聞いたところですぐに返事が返ってくるわけではないだろう」

そう思い、**気付かぬふりをして一心不乱に先へ先へと進めていった。**そのうちに、違和感を持った箇所があったことすら忘れていった。

1週間後、無事に開発されたシステムが納品され、田山は安堵した。同じ開発チームのメンバーにも疲労の色が見える。みんな昼夜を問わず手を動かしてきたのだ。

程なくして、営業部担当者の鈴木から内線が掛かってきた。

「田山さん、先ほど納品いただいたシステムに不具合があったみたいで。クライアントから問い合わせがきています」

田山の背中に冷たい汗が流れた。

「すぐに確認します」と言ったものの、田山にはどこにエラーがあるのか見当もつかなかった。開発チームのメンバーを集めて、状況を報告し、全員で手分けして問題となっている箇所を探した。

隣の席のチームリーダーの加賀は「今日は早く帰れる！　息子と一緒に夕飯を食べられるかも」と喜んでいたのに、結局、気づけば今日も時計の針は22時を過ぎていた。チームメンバーの全員が田山と同様に、ここ最近は余裕がない状況だ。イライラしたり家族に連絡を入れたりする姿が見える。田山も眠気を覚ましに栄養ドリンクを飲み干し、必死に画面に食らいついた。

最終的に見つかった設計ミスは、田山が「本当にこのまま進めて大丈夫か？」と疑問を持った箇所だった。**疑問を持ったタイミングで確認しなかったために、原因を探るのに膨大な時間を要してしまった。**

田山は、チームメンバーへの申し訳なさと、「必死に開発を進めたのにこの有様か……」と自分自身に虚しさを感じずにはいられなかった。もはや、誰のため、何のために仕事をしているのかもわからなくなっていた。

「申し訳ありません」とうなだれる田山に、加賀は「田山さんのせいじゃないです」と返した。

「最近は**目の前の仕事をこなすことばかりで、対策を立てたり『どうありたいか』を考えたりすることができなかった。**少し**仕事の仕方を見直していく必要があるん**じゃないか、と僕は思っているんです」とチームメンバーに聞こえるように伝えた。

その加賀の言葉を聞いて、やっとの思いで田山は顔を上げることができた。

解決のアプローチ

ケース13では、常に目の前の仕事に追われて余裕なく働く田山にアクシデントが起こりました。考える余裕がないほどの業務量をこなしていると、重要な確認や仕事でも先延ばしにしがちです。組織の中でどのような仕組みをつくっていくと、先延ばしやトラブルを防ぐことができるのでしょうか。

アプローチ❶ 業務の性質を見極めて「量」を調整する（＊1）

今回のケースは、先延ばしの理由と対策を考えるうえで、やや複雑な状況にあるといえるでしょう。状況としては、プロジェクトには明確に締め切られ、先延ばしをせずに着手していると考えられますし、ある仕事を優先した結果として、別の仕事を後回しにすることは、適切な対応と見なすこともできます。

ただ、問題だったのは、その先延ばしにした工程が、手戻りのリスクを伴うものであったことです。「曖昧なタスク（18ページ）」や「報酬の遠いタスク（29ページ）」としても紹介したように、「進めれば成果が得られる」という作業自体が優先されたと考えて、逆に「成果がないかもしれない」工程が先延ばしにされないよう対策を実行するとよいでしょう。

あるいは、業務量が過多であることで冷静な判断を欠き、前述の工程が先延ばしにされたと考えることもできます。業務量の調整には、ケース6で紹介した「ジョブ・クラフティング（80ページ）」も有効です。

ジョブ・クラフティングの1つの手法として、要求される仕事量の調整があります。自分にとって適切な量に変えていく「要求の低減」ができるとよいでしょう。これにより、過度な要求による負荷が軽減され、それぞれのタスクを着実に進めていけることが期待されます。ここでは、業務量の調整に注目して対策を提案していきます。

▼組織でできること

それぞれのメンバーの業務量をリアルタイムで把握していくことが欠かせません。繁忙期や、それ以外の時期でも特定の人へ業務が集中している場合には、その人をサポートする体制をつくっていくなど、業務量を調整する働きかけをしていけるとよいでしょう。

メンバーひとりひとりに心を配ることで、結果的にはチーム全体のパフォーマンス向上につなげていくことができます。また、自分が大変な時にサポートしてもらうことも期待できます。お互いの業務量をきちんと把握しながら支え合って進めていけるとよいでしょう。

「マニュアルを整備し、属人的な業務を標準化すること」も有効です。こうした施策により、互いの仕事をカバーしやすくなる効果があります。

対策のアイデア

- 各メンバーの業務量を把握し、応援体制を敷く
- マニュアルを整備し、属人的な業務を標準化する

▼本人ができること

本人の対策としては、「業務量を見直すこと」が軸になります。現在の業務量を見渡して、優先順位をつけて、それが低いタスクは思い切ってカットしていくことも必要です。
削除することが難しければ、同僚に協力を求めることで得意分野の業務を分担したり、「きちんと遂行するため」という認識を共有したうえで取り組む期日を交渉し、後ろ倒しに設定してもらう方法もあり得るでしょう。

対策のアイデア

- 1日の業務量を見直し、優先度の低いタスクは思い切ってカットする
- 同僚に協力を求め、お互いの得意分野を活かして業務を分担する
- 遂行するという認識を共有したうえで、期日を交渉する

アプローチ❷ 仕事の価値を再定義する（＊2）

人は、「これは自分がやるべき仕事なのか」「自分の手に負えない範囲なのではないか」と感じるような、いわば「不合理なタスク（Unreasonable tasks）」を先延ばしにする傾向があります。

不合理なタスクに取り組む（というより、取り組まされていると感じる）人は、そうした仕事を「組織が自分に強いている」と感じます。そのため、「不合理な仕事をさせるくらい職場から大切にされていないのだ」と疎外されているように感じ、自分の価値を見失ったり、ネガティブな感情が強まるため、先延ばしが起こりやすくなります（ネガティブな感情と先延ばしの関係についてはケース14・アプローチ①など参照）。

逆に言えば、タスクの目的や意義を明確にし、不合理と感じないようにすることで、組織にとって価値のあるタスクに注力できる体制を整えていくことが重要です。

▼組織でできること

周囲の対策は、メンバーと協働し、不合理なタスクを削減していったり、タスクの進め方を変更したりすることが柱となります。これにより、一人一人のメンバーがタスクに取り組む意味を実感できるようにすることが大切です。例えば、無駄な業務や意味のない業務を洗い出していきます。ケース6の「お役所仕事」への対処（77ページ）のように様々な業務の目的を明確化し、メンバー間で共有する機会を設けることも有効です。

対策のアイデア

- ムダな業務の洗い出しを実施
- 既存の業務の目的を明確化してメンバー間で共有する

▼本人ができること

本人ができる対策案としては、「自分の担当している仕事が組織全体にとってどんな意味があるのか」を検討し、分からない場合は上司に確認することが挙げられます。「無知をさらすようで恥ずかしい」あるいは「業務に対して異義を唱えているように見られないか」といった不安を持つかもしれませんが、タスクの意義を理解することが仕事の質の向上につながると理解することが大切です。

対策のアイデア

・自分のタスクが組織目標とどのようにつながっているかを確認する

アプローチ❸ ワーク・ライフ・バランスを改善する（＊3）

今回のケースは、仕事に追われ、「ワーク・ライフ・バランス」が乱れている状態ともみなすことができます。実は、ワーク・ライフ・バランスが乱れている、いわばアンバランスな状態は、先延ばしに影響を与えることが明らかになっています。

ワーク・ライフ・バランスの乱れの1つとして「ワーク」に注力する必要がある状態、つまり、「ライフ」に支障をきたしている状態は、先延ばしを助長します。仕事に忙殺されている、あるいは仕事が上手くいっていない状況からは、ストレスや不安が多く生じます。そうした状況から「逃れたい」という反応として、先延ばしが生じやすくなると考えられています。

逆に、私生活を充実させることにより仕事と私生活のバランスが取れた状態を実現すると、先延ばしを抑制する効果が期待されます。プライベートの充実は、気分の切り替えや精神的なゆとりにつながります。そうした効用を得ることで、仕事にも意欲的になれたり、ストレスや不安を感じたとしても適切な対処を取ることを後押ししてくれるのです。

仕事に忙殺されていると、プライベートを犠牲にしてしまいがちです。しかし、先延ばしを防ぐには、ワーク・ライフ・バランスをきちんと実現することが重要だと理解しましょう。

▼組織ができること

柔軟な働き方を支援する制度を整えていくことが、周囲の対策の方向性になります。

例えば、「ノー残業デー」を設定し、定時退社を促すこと。他にも、業務量が多く、難しいと感じたとしても、優先順位を見直して取捨選択し、ワーク・ライフ・バランスを実現することで、結果的に先延ばしを防げます。

テレワークを導入するなど、社員が働きやすい環境を整備していくことも有効です。

対策のアイデア

・プライベートに使える時間を作るため、ノー残業デーを設定し、定時退社を促す
・テレワークを導入し、柔軟な働き方を可能にする

▼本人ができること

本人の対策としては、プライベートの時間を確保することが軸となります。例えば、「自身で定時退社日を設定し、プライベートの予定を先に入れておく」といった案が考えられます。

最初のうちは、「定時で帰ると仕事が終わらない気がする」と感じるかもしれませんが、結果的にはメリハリが出て、生産性の向上し、先延ばしの抑制にもつながります。

また、ケース2で挙げた「オン・オフの切り替え（40ページ）」と同じく、こまめな休憩を取ったり、散歩やストレッチするなど短時間でリフレッシュする方法を習慣化することも有効といえます。

対策のアイデア

- 定時退社日を設定し、プライベートの予定を入れる
- 小まめな休憩や短時間の散歩など、気分をリフレッシュする方法を習慣化する

◎参考文献

＊1　Metin, U. B., Peeters, M. C., & Taris, T. W. (2018). Correlates of procrastination and performance at work: The role of having “good fit”. Journal of Prevention & Intervention in the Community, 46(3), 228-244.

＊2　Wang, H., & Zong, G. (2023). Relationship between employees’ perceived illegitimate tasks and their work procrastination behavior: Role of negative emotions and paternalistic dimensions. Heliyon, 9(4).

＊3　Sharma, A., & Sharma, A. (2021). Turnover Intention and Procrastination: Causal Contribution of Work-Life (Im) Balance. Journal of Contemporary Issues in Business and Government Vol, 27(2).

＊4　Huang, Q., Zhang, K., Bodla, A. A., & Wang, Y. (2022). The influence of perceived red tape on public employees’ procrastination: The conservation of resource theory perspective. International journal of environmental research and public health, 19(7), 4368.

ケース14

評価につながる失点は避けたい！

～失敗したくなくて先延ばす～

営業部歴7年の牧原亨は「AI分析プロジェクト」のリーダーに抜擢された。しかし、過去の失敗から、前向きに着手することができずにいる。そんな中で、エレベーターで一緒になったチームリーダーの矢野夏菜子にプロジェクトの進捗について話しかけられた。

「AI分析プロジェクト」のリーダーに抜擢された牧原は、憂鬱さを感じていた。営業部に来て7年。15人のメンバーの中ではチームリーダーの矢野に次ぐ古参になった。社歴も重ね、責任者として後輩たちをバックアップする役回りであることも理解している。

「AI分析プロジェクト」は、これまでの営業データについてAIを使って分析し、次の顧客獲得に活かす重要なプロジェクトである。営業部にとって、業務の効率化を図る大事な一歩となる取り組みだ。

しかし、**牧原はデータ処理にあたっていると、どうしても以前のトラウマがチラつき、集中することができなかった。**

牧原のミスとは、昨対比を出さなければいけない資料において、一昨年のデータを読み込んでしまい、そのまま役員会議で発表をしてしまったというものだ。

本当に単純なミスだ。理解していれば二度とやらないだろう。そして、今の牧原であれば絶対にやらない。

そうとはわかっていても、会議室で役員の指摘を受けて、営業部長と課長、そして牧原自身が真っ青になったことを思い返すと、背筋が凍る。当時は、データを整理し直して、課長とともに新たな資料を役員に配って回らなければならなかった。

あの時の**失敗を思い出すとどうしても気が重くなり、プロジェクトの推進を後回しにしてしまう**のだ。リーダーの自分がこの状況では、プロジェクトメンバーが進めていけるはずがない。

そんなある日、エレベーターで一緒になったチームリーダーの矢野に「そういえば牧原さん、『AI分析プロジェクト』はどんな状況?」と話しかけられた。

牧原は内心「そりゃ、全然進んでいなかったら気になるよな……」と思いながら、「すいません、まだ着手できていなくて」と正直に答えた。

矢野は「そうなんですね」と言った。そして、「牧原さんらしくないから聞くんだけれど、もしかして以前の役員会議でのデータ分析の一件、まだ引きずってたりする？」と尋ねた。

牧原は、矢野のこの率直な性格こそがチームメンバーとして信頼できると思っている。時に〝グサッ〟とくることもあるが、今回は打ち明けるきっかけをもらったと感じた。

「実はそうなんです。お恥ずかしいんですが、またあんな状況になったらどうしようと思うと、進めていくのが怖くなってしまって……」と胸の内を伝えた。

「うんうん」と聞いていた矢野が、「でも、**その失敗があったから牧原さんはだいぶ変わった**よね」と明るく言った。

矢野の言う通りだった。あの一件があったからこそ、「後輩が困らないようサポートしよう」と思えたし、クライアントへ提供するデータは社内でダブルチェックをする仕組みを作った。

（失敗も少しは意味があったのかもしれないな……？）

「牧原さん、**来週までに小さなアクションを決めて少しだけ話をしませんか**。忙しいし、**短いス**

パンで期限を切って進めていくのがいいんじゃないかと思うんだけれど、どうかな？」

矢野の明るい声に、牧原はこれまで何度励まされただろう。

「そうさせてください」と笑顔で応えて、エレベーターを降りた。

解決のアプローチ

ケース14では、ケース3で話題となった特定の業務に対して失敗を恐れる牧原が登場しました。牧原の背景には、過去の失敗が尾を引いています。誰でも失敗体験がある分野や、自身の苦手領域の取り組みについては尻込みしてしまうものです。こうした「自信のなさ」や「失敗への恐怖」から生じる先延ばしに対しては、どう対策を立てていくとよいのでしょう。

アプローチ❶ 失敗への恐れを軽減する（＊1・2）

「失敗したくない」「失敗するのが怖い」という思いは、業務の先延ばしにつながる大きな要因になります。例えば、大学生が学習課題の失敗を恐れて先延ばしを生じさせる事例や、起業家が失敗のリスクを恐れて挑戦を先延ばしにする事例研究でも、同じ結果が示されています。

ただ、素朴な疑問として、失敗する可能性があるならば先延ばしなどせずに早く取り組んで成功確率を上げればよいではないか、と感じるかもしれません。ここで注目するのが、失敗する恐れのあるタスクへの対処の仕方と、「有能さ（competence）」の認識です。

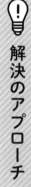

まず「有能さ」とは、仕事に関して「優秀である」「効率的にやれる」など、その環境へ上手く対処できるという認識のことです。この認識自体には程度の差があるものの、誰しもに備わっているものとされていますが、ポイントは、有能さの認識の高さによって対処が変わるということです。

具体的には、「自分が有能である」と感じているのであれば、失敗の恐れがある環境でも、先延ばしが抑えられることが確認されています。つまり、現状では失敗するかもしれないけれど、「早く取り組むことでタスクが失敗する可能性を下げられる」と考えることができ、先延ばしをせずに対処ができます（あるいは、「失敗を回避する対応を自分が取れるはず」という具合に「自己効力感」（ケース3）が高い場合にも、同様に対処できると考えられます）。

一方で、失敗を恐れているタスクに取り組むことは、言い換えると、タスクに伴って生じるかもしれない失敗による不安やストレスにさらされる、ということです。そうしたストレスを感じさせるタスクには取り組まない選択（＝先延ばし）をすることで、不安やストレスからいち早く逃れることができます。これが、失敗のリスクによって先延ばしが生じやすくなる理由です。

「有能さ」を感じていない人は、目の前のタスクへ上手く対処できる見込みが低いため、そうした回避するような対処が生じやすくなると考えられています。

▼組織でできること

周囲の対策においては、特に評価者である上司の対応が重要になります。部下にとって、評価者が「失敗を歓迎する」と言ってくれることは、失敗への不安を軽減することにつながります。

上司の立場に立つと、「ミスを許容すると部下が育たないのではないか」と思うかもしれませんが、ミスを恐れずに失敗から学ぶ姿勢を評価することで、むしろ成長につなげていくことができます。

たとえ失敗が生じたとしても、そこから得られた教訓をチーム内で共有して全員で活かしていくことができれば、チーム全体の成長につなげていくことができます。そのことを実践するためには、成果だけでなくプロセスも重視する文化や制度を設けると良いでしょう。プロセスにも意識が向けば、結果に囚われにくくなることに加えて、その失敗を土台にした再挑戦も促す効果が期待できます。

対策のアイデア

- 「ミスはつきもの」と伝え、過度なプレッシャーをかけないよう留意する
- 失敗から得られた教訓をチーム内で共有し、全員で活かしていく

・成果だけでなくプロセスも評価・賞賛し、失敗しても再挑戦できるようにする

▼本人ができること

本人ができる対策案としては、「小さな成功体験を積み重ねていくこと」がポイントになります。まずは難易度の低いタスクからスタートすることで、「自分もうまくできる」と失敗に対する恐れを軽減していくのです。着実に進歩を実感することで、難しい仕事にも前向きに取り組めるようになります。

また、失敗の原因を分析し、次に活かす習慣をつけることも重要です。自分の失敗と向き合うことは気持ちの乗らない作業ですし、その振り返りに時間を割くことは非効率と感じるかもしれません。しかし、失敗の原因を「仮説」として、その改善に向けたPDCAサイクルを自分で回すことが、成長の近道と考えましょう。

対策のアイデア

・小さな成功体験を積み重ねて自信をつける。難易度の低いタスクから着手し、徐々にス

テップアップする
・失敗の原因を分析し、次に活かす。ＰＤＣＡサイクルを回すことが、成長の近道だと理解する

アプローチ❷ 失敗を引きずらないよう「心理的柔軟性」を高める（＊3）

「目の前」の失敗を恐れないことに加えて、「過去」の失敗を引きずらない方向でも対策を考えてみましょう。これまで見てきたように、タスクに取り組むうえで感じる負担感や不快な感情は、先延ばしに関係します。

反対に、否定的な感情や思考に囚われない傾向が強い人は、目標達成のための行動を継続していくことができるため、先延ばしが抑制されることが明らかになっています。この否定的な感情や思考に囚われない傾向のことを、「心理的柔軟性（Psychological flexibility）」といいます。

心理的柔軟性が高い人は、自分に生じた否定的な経験や感情、思考を受容し、それらに飲み込まれることなく業務にあたっていくことができます。さらに、こうしたネガティブな感情を俯瞰して、新たな視点から臨んでいくことができます。

一方で、心理的柔軟性が低い場合には、ネガティブな感情に囚われて、「逃げたい」「遠ざけたい」という心理が働きます。その結果、仕事に前向きに取り組めず、先延ばしが生じるのです。

これらのことを踏まえて、「心理的柔軟性を高めていくこと」を目指すのが、対策の方向性になります。

▼組織でできること

心理的柔軟性を確保しやすい職場を作っていくことが、組織の対策の柱になります。例えば、チーム内で「失敗談」を共有し、その失敗に意味づけを行っていくことで、過去の失敗を引きずらないようにする文化を醸成していけるとよいでしょう。「失敗を公表するのは恥ずかしい」と思う人は多いものですが、こうした場を設けることで失敗から学び、奨励する雰囲気が生まれていきます。

ストレスマネジメント研修を実施し、ストレス対処法を学ぶ機会を設けるといったことも一案です。学びの場を通じて、心理的柔軟性を組織で高めていく手立てを講じていくとよいでしょう。

対策のアイデア

・チーム内で「失敗談」を共有し、失敗を引きずらない文化を醸成する
・ストレスマネジメント研修を実施し、ストレス対処法を学ぶ機会を設ける

▼本人ができること

ネガティブな感情を反芻し続けてしまうと、負のスパイラルに陥り、心身ともに疲労してしまいます。こうした感情に飲み込まれないようにするには、まず言語化してみるという対策が考えられます。書き出してみることで、自身が抱いた感情と距離をとることができ、客観視できるようになります。

そして、たとえ困難な状況に直面したとしても、「成長の機会だ」とポジティブに転換しましょう。考え方を変えるのには慣れが必要なので、少しずつ習慣化していきます。

対策のアイデア

・ネガティブ的な感情や思考を書き出し、客観的に観察する
・困難な状況に直面したら、「これは成長の機会だ」とポジティブに捉え直す

◎参考文献

＊1 Soomro, B., & Shah, N.（2021）. Is procrastination a “friend or foe”? Building the relationship between fear of the failure and entrepreneurs’ well-being. Journal of Entrepreneurship in Emerging Economies. https://doi.org/10.1108/JEEE-12-2019-0191.

＊2 Haghbin, M., McCaffrey, A., & Pychyl, T.（2012）. The Complexity of the Relation between Fear of Failure and Procrastination. Journal of Rational-Emotive & Cognitive-Behavior Therapy, 30, 249-263. https://doi.org/10.1007/S10942-012-0153-9.

＊3 Hailikari, T., Katajavuori, N., & Asikainen, H.（ 2021 ）. Understanding procrastination: A case of a study skills course. Social Psychology of Education, 24, 589 - 606. https://doi.org/10.1007/s11218-021-09621-2.

ケース15

目標というより妄想では…

～無茶な目標設定により先延ばす～

営業部部長の佐野直樹と課長の平洋子は、経営会議で「ＳＤＧｓ企業として、５年後に売り上げを５倍にするための営業部の強化」という目標を示され、途方に暮れた。社長の大河原常久は本気でこれを実現させようとしている。そのプレッシャーをひしひしと感じるが……。

営業部のエースから課長職にまで駆け上がった平は、多くの営業メンバーの憧れの存在である。歯に衣着せぬ物言いも、平のキャラクターならば許される。

そんな平には、時に経営陣から大きな目標が降ってくることがある。先週の経営会議で伝えられた内容も、その一つだった。

「ＳＤＧｓ企業として、５年後に売り上げを５倍にするための営業部の強化」

これを提示された時、営業部長の佐野は渋い顔をしていた。それはそうだ。この**目標をどう実現していいいか、見当もつかない**。

しかし、経営陣からは「これは非常に重要なポイントだ」といった発言が飛ぶ。そこに具体性は一切ない。

「一体どうしたらいいのよ……」と平は途方に暮れた。

会議を終え、佐野と平は目を合わせた。平は、半ば答えは想像できていたが「佐野部長、あの目標、どう思いました？」と尋ねた。

「正直、よくわからないよ。商品・サービスの新たなラインナップも見えないまま、営業努力で5倍にするとはどういうことなんだろうか。しかも、『ＳＤＧｓ企業』をどう絡めたらいいんだろう」

平も佐野とまったく同じ感想だった。目標にしようにも、何から歩を進めていったらいいかがわからない。

平は「ＳＤＧｓ企業として、5年後に売り上げを5倍にするための営業部の強化」の実現に向けて、何のアクションも立てられずにいた。

気づけば、3週間が過ぎている。そんな折、社長の大河原が営業部のフロアに顔を出した。大河原社長は空いている時間でさまざまなフロアを循環し、社員に声を掛けるようにしている。

平は「いやな予感がする……」と思ったものの、時すでに遅し。大河原社長に話しかけられた。

「平さん、先日の営業会議で出された5年後の営業目標について、考えは深まっていますか」

平はチラリと佐野の様子を見たが、佐野はこちらに気づかぬ様子でパソコン画面に向かっていた。

平は、「そうですね、佐野部長と少しずつ進めていこうと考えています」と当たり障りのない返事をした。その回答を聞いた大河原は、「それは楽しみにしています。**1ヶ月後に話を聞かせてくれないかな？**」と言った。

平は手のひらにびっしょり汗をかいていることに気がついた。「ノー」といえる気配はない。曖昧にうなずいて、その場をやり過ごした。

大河原社長がフロアを去った後、平は佐野部長に状況を伝えた。

佐野は「それは……」と言ったまま押し黙った。

ここで平は自分を奮い立たせた。無茶な目標には違いないが、本当にこの目標を実現できれば、我が社は全く異なるステージに上がることができる。そして、その時には自分も会社を動かす中枢にいることができる……そんな思いも湧いてきたからだ。

「今のままでは、到底5年後に売り上げ5倍は実現できません。『**2倍だったらどうか**』『**営業人**

員が倍増したらどうか』など、いくつか細かく具体化して考えていくことが大事だと思います。そして、ＳＤＧｓ企業として**成功している事例について、海外も含めて探していく必要がある**かもしれません」

平は思う限りのことを佐野に伝えた。

雲をも掴む話だ、という平の印象に変わりはない。しかし、それを実現するためにはどうしたらいいか、佐野の協力を得ながら具体的に検討してみることにした。

解決のアプローチ

ケース15では、経営陣からあまりに大きな目標が示されて先延ばしが生じる事例を紹介しました。「どこから着手していいかわからない」「壮大な話でアクションのイメージが湧かない」といったことはどんな職場でも発生します。組織的に解決していくには、どのようなアプローチが求められるのでしょう。

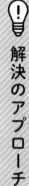

アプローチ❶ 「大きすぎる目標」を適切なサイズにする（＊1）

仕事やタスクに対する価値・やりがいを感じることが、先延ばしせずに取り組むことにつながる要素であることは、ここまで見てきた通りです。その点に関連して、「目標が大きすぎること」と「目標が小さすぎること」も、価値ややりがいを感じるかどうかに影響を及ぼすため、対策のポイントになります。

このケースのように、目標が「大きすぎる」場合には、「難しすぎる」「大変だ」と感じて、先延ばしの傾向が強まります。そこで、対策の方向性としては、適切な粒度の目標を設定することが挙げられます。達成可能かつ挑戦的な目標を設定することで、モチベーションが維持され、先延ばしが抑制されます。

▼組織でできること

周囲の対策としては、組織で目標の設定を行なっていくことが挙げられます。ケース1・アプローチ①でも述べましたが、タスクに先延ばしやつまずきが発生している場合には、そのタスクの難易度が正しく設定されていない可能性があります。そこで、メンバーの進捗を把握しながら難易度を調整していくのです。

「部下と一緒に目標を設定し、適度な挑戦を後押しする」ことも有効です。そのためには、上司が日頃から部下とのコミュニケーションを密にとることを意識して、部下の能力を正確に把握するよう努める姿勢が欠かせません。

対策のアイデア

- タスクの進捗状況を確認し、必要に応じて目標の難易度を調整する
- 部下と一緒に目標を設定し、適度な挑戦を促す

▼本人ができること

本人の対策としては、長期目標を複数の短期目標に分割し、段階的に達成を目指す方法があります。ケース2・アプローチ①などで示したように、小さな成功体験の積み重ねが、大きな目標達成につながっていきます。

さらに、目標達成に向けて行動計画を立案し、それを同僚や上司にレビューしてもらうことも効果的です。ともすると曖昧で雑駁としがちな長期目標に対して、他人の目を入れることで、具体化することを目指します。

対策のアイデア

- 長期目標を複数の短期目標に分割し、段階的に達成を目指す
- 目標達成のための行動計画を立て、同僚や上司にレビューしてもらう

アプローチ❷ 「回避」ではなく「接近」できる目標を立てる（＊2）

心理学の大きな研究テーマとして、「目標の捉え方」に関する理論が多くあります。これは、どのような状態を理想とするか、あるいは目指すレベルが同じだとしてもその捉え方が異なる、という具合に、目標の見方に個々人の違いを想定できる理論が求められているからです。そうした理論の中に、先延ばしに影響をすると指摘された「達成目標理論」があります。まずは、この理論で想定されている4つの目標を紹介します。

❶ 熟達接近目標

課題の上達や能力の獲得を目指す目標のこと。難易度は高いけれど、「業務自体を楽しんで、それをよく理解したい」という思いを抱く目標。

❷ 熟達回避目標

課題の熟達や上達や能力の獲得ができていない状態を避ける目標のこと。「業務の内容について、理解が深まっていない状態を避けたい」といった感情から生じる目標。

目標の捉え方と達成目標理論の関係

❸ 遂行接近目標

自分の有能さを誇示し、ポジティブな評価を得ようとする目標のこと。「同僚より早く出世したい」「高い評価を得たい」という、他者から承認・評価されることを求めるような目標。

❹ 遂行回避目標

自分の無能さが明らかになる事態やネガティブな評価を回避したいという、失敗を回避する目標のこと。「できない社員と思われたくない」「低い評価を避けたい」という思いからくる目標。

この4つの目標の中でも、熟達接近目標と遂行接近目標を持つことが、先延ばしを押さえることにつながると確認されています。つまり、「回避」の衝動ではなく、成長や成功を目指す「接近」の姿勢を促すことが先延ばしの抑制につながる対策の方針と捉えることができます。

▼組織でできること

組織ができる対策案としては、上司が部下と1 on 1で成長の目標を一緒に立てていく方法が考えられます。部下の目標設定について話し合う機会をつくっていくのです。

一方で、上司として「部下の成長目標について、あれこれ口出しをしてもいいものだろうか」と思う人もいるかもしれません。その場合には、あくまで部下の主体性を尊重しつつ、「上司は目標設定をサポートする存在である」ということを確認していけるとよいでしょう。

チームにおいて互いの成長を確認したり、賞賛したりする仕組みをつくっていくことも効果的です（ケース3など参照）。他者の成長を目にすることで、成長・成功を目指す「接近」的な目標に、意識を向けやすくなる効果が期待できます。

対策のアイデア

- 部下との1 on 1で、成長目標について話し合う機会を設ける
- チーム内で、互いの成長を称える

▼本人ができること

成長・成功への「接近」的な目標を高めていくために行う本人の対策は、自分の成長を可視化できるようにしていくことです。「自分ができるようになったこと」は、普段はなかなか気づけません。そこで、習得したスキルをリストアップしていきましょう。これによって、成長を実感しやす

くなり、さらに成長していこうというモチベーションが上がっていきます。

学びを一人で行わず、同僚とスキルアップの目標を共有し、励まし合えるようなカジュアルな集まりを設けることも有効です。自分の目標や学びを人に見せるのは、「照れくさい」と思うかもしれません。しかし、目標を共有することは、モチベーションの維持や、お互いに励まし合うなど、目標の達成にもよい効果があるので（ケース10・アプローチ②も参考になります）、まずは気心の知れた相手と始めてみるとよいでしょう。

対策のアイデア

・自分の成長を可視化するために、習得したスキルをリストアップする
・同僚とスキルアップの目標を共有し、互いに励まし合う

アプローチ❸ 自ら学習や成長に取り組む「自己動機づけ」を強化する（＊2・3）

タスクに取り組む人が、自分自身でタスク実行への動機づけを高めることで、先延ばしを抑えるためのポイントを取り上げます。

人は特定の目標や課題を自ら進めていくために様々な手を講じますが、そうした一連の行動は「自己動機づけ」と呼ばれます。例えば、「目標を自分で設定する」「失敗を生かしていこうと考える」といった取り組みを行うことで、そのタスクを進めようとする意欲を高められます。こうして課題にポジティブに向き合うことも、先延ばしを抑える効果があることが確認されています（この点では、ケース6「ジョブ・クラフティング」の挑戦の要素も参考になります）。

この「自己動機づけ」の背景とも言える要因として、「能力観」、特に、知識や理解力といった知能に関する能力の捉え方が影響することも確認されています。この捉え方は大きく2つに分かれており、1つは「自分の能力は高めていける」という考え方。もう1つは、「生まれながらにして人の能力は決まっている」という考え方です。

両者を比較すると、後者の考え方を持っている人は「頑張ったところで仕方がない」という思いが根底にあるため、仕事に前向きに取り組めず、タスクを先延ばしにする傾向が強いことがわかっています。

重要なことは、「人の能力は伸ばしていける」と捉えてもらうことです。この前提があれば、「自己動機づけ」が機能しやすく、タスクに対して前向きに取り組めるような変化を起こしやすいと考えられます。そうした点に注目したうえで、「自ら学習や成長に向かう姿勢」を支援し、養っていくことが、対策の大きな方向性になります。

▼組織でできること

組織の対策として考えられるのは、ケース6・7などでも挙げた、組織的に学びを後押ししていく仕組みをつくっていくことです。例えば、「年度目標の評価の一部に自己啓発項目を組み込む」といった施策が考えられます。中には、「自己啓発は元来自主的な営みのため、強制されているようで息苦しく感じる人もいるのでは」と懸念を持つ人もいるかもしれません。「成長に対する投資を行っている会社である」として丁寧な説明を心がけたり、実際に社内での評価に結び付けましょう。それにより、次第に自発的な行動の促進にもつながります。

チームで学びを共有する場を設けることもよいでしょう。知識や能力の向上、あるいはスキルアップが「自分には無理」だと捉えている人へ、周囲との関わりの中で「自分にもできる」と意識の変化を促すことを目指します。フォーマルな勉強会として設定することもできますし、「今週の学びをシェアする」といった気軽な機会とする手もあります。

対策のアイデア

・年度目標の評価の一部に自己啓発項目を組み込む

・社内で勉強会を開催し、互いの知識やスキルを共有する。周囲から自己啓発への意識変化を促す

▼本人ができること

ケース6・7では組織向けの対策案として挙げましたが、本人ができる対策案としては、「自己啓発の時間を確保していくこと」が挙げられます。具体的には、「週に1回、自己啓発の時間を設け、業務に関連する新しいスキルを学ぶ」といった設定ができるとよいでしょう。こうした学びの機会は、初めて触れる知識から刺激を受けることにより、新しい目標を持つきっかけとして、日々の仕事との間によい循環を生む効果が期待できます。

また、新しい情報とは別に、過去の経験を振り返ることも重要です。失敗を振り返ってノートなどにまとめることで、自分なりの反省を加えて「次は、今後は、どうしていこうか」という目標を得ることにつながります。

一般的には、仕事が忙しく、そういった時間の確保は難しいのが現実かもしれません。しかし、週に1回15分などの短い時間であっても、継続して学んでいくことが中長期的に見ると成長につな

がっていきます。自分にできる範囲で学びの時間を確保していけるとよいでしょう。

対策のアイデア

- 週に1回、自己啓発の時間を設け、業務に関連する新しいスキルを学ぶ
- 失敗した経験を振り返り、学んだことをノートにまとめる

◎参考文献

＊1 Thomas, A.（2023）. Exploring the Five Influential Action Factors to Unravel Procrastination. International Journal of Neurolinguistics & Gestalt Psychology. https://doi.org/10.52522/ijngp.v3i2.2.

＊2 Howell, A., & Buro, K.（2009）. Implicit beliefs, achievement goals, and procrastination: A mediational analysis. Learning and Individual Differences, 19, 151-154. https://doi.org/10.1016/J.LINDIF.2008.08.006.

＊3 Valenzuela, R., Codina, N., Castillo, I., & Pestana, J. V.（2020）. Young university students' academic self-regulation profiles and their associated procrastination: autonomous functioning requires self-regulated operations. Frontiers in psychology, 11, 509281.

COLUMN2

先延ばしの測定方法

本書では、学術研究を背景に様々な先延ばしの仮想ケースを紹介しています。このコラムでは、学術研究における先延ばしの測定方法の具体例として、著者らが作成した心理尺度をご紹介します。心理尺度とは、いわゆるアンケートの形式の項目で、回答者に自分自身の先延ばし傾向を尋ねるものです。その回答と、原因・結果と思われる個人的要因や環境的な要因の関連をみることで、先延ばしのメカニズムを検討します。

著者らは、海外で開発された心理尺度を翻訳し、仕事で先延ばしをしてしまう度合いを測定する尺度を作成しました（日本語版Procrastination at Work Scale）。具体的な2つの測定内容を、項目例と共に紹介します。

●**怠業（Soldiering）**：仕事ではない作業や優先度の低い雑務に手をつけ、必要な業務の進行を妨げる行為

・仕事では、「やる」と決めてからも行動するのが遅れる

・勤務中、無性に気分転換がしたくなり、だんだん仕事に集中できなくなる

●**サイバースラッキング（Cyberslacking）**：勤務時間中にインターネットやモバイル端末を私的な目的で使用する行為（コラム1（99ページ）も参照）

・勤務中に、仕事とは関係のない話題で電子メールやインスタントメッセンジャーを使う

・仕事とは別に、1日の仕事中に30分以上、ソーシャルネットワークサイト（SNS）を使っている

この尺度の特徴は、先延ばしの「対象」を仕事に限定していることです。同じ人でも、着手しようとする活動が仕事かそれ以外かにより、先延ばしの程度が異なります。そのため、特に「仕事」に注目した傾向を測定することで、「仕事の先延ばし」の的確な理解へつなげる狙いがあります。著作権の関係から上記は項目の一部のみですが、資料へ示した機関誌上では全ての項目を確認できます。関心のある方はご参照のうえ、職場の先延ばしの現状把握や改善に役立てていただければ幸いです。

参考文献

黒住 嶺・伊達 洋駆（2024）．日本語版仕事の先延ばし尺度の作成　パーソナリティ研究，*33*(2), 100-102.

第4章

自分は頑張っているのになぜ遅れる?

【マインドセットをデザイン】

ケース16

考えていたら時間が足りない！

〜段取りが悪くて先延ばす〜

転職して法務部に配属になって2年目の駿河潤は、自由度が高い業務を先延ばしにしがちであることを自覚していた。ある時、部署の勉強会のテーマについて決めかねていると、隣の席の渡邊浩人からアドバイスを得る。考えすぎずに行動に移していくにはどうしたらいいのだろう？

法務部2年目の駿河。前職でも法務を担当してきたため、法的知識に問題はない。決められた契約書のチェックや作成はスムーズに行えると自負している。

一方で、**考える余地があることに関しては、時間が掛かってしまう傾向がある**と自身でも認識していた。

法務の業務で自由に判断できることはあまりないが、ゼロでもない。

例えば、斉藤部長が「チームとしてやっていくためにはコミュニケーションが必要だ」と、駿河に新年会の店選びを依頼した。些細なことだが、駿河はこうしたタスクがめっぽう苦手だった。優柔不断な性格が災いして、いっこうに店が決められないのである。

もう一つ、駿河がぐるぐると考えつつ、先延ばししていることがあった。

法務部は2ヶ月に1回のペースで集まり、勉強会を実施する。テーマによっては他部署のメンバーも参加できる任意の勉強会だ。契約書の注意点やコンプライアンス、著作権など、ビジネスパーソンとして知っておくべき内容を学んでいく。こうした勉強会で法律知識を伝えていくことで、営業部とのやりとりも円滑になっていくのではないかと考えての取り組みだった。その勉強会が、来月は駿河の担当だったのだ。

「駿河さん、来月の勉強会のテーマは決まりましたか？」

ある日、隣の席の渡邊に話しかけられた。以前の法務部にはほとんどなかったコミュニケーションが、少しずつ生まれつつある。

最初は煩わしいと感じていた担当・副担当制の業務分担だったが、必然的に部内で話をするようになり、質問もしやすい雰囲気になった。

駿河は頭の片隅で「早くテーマを決めなければ……」とは思っていたものの、まだ白紙の状態であった。

駿河は渡邊の方を向き直り、「実はテーマを決め切れていなくて。渡邊さんはどう決めたんですか？」と尋ねた。前回の勉強会は渡邊が担当したこともあり、参考にしたかったのだ。

「法務部だけではなくて、**広くビジネスパーソンが知っておくべき内容を3つ書き出して、その中で自分が得意な分野に絞る、という決め方をしたん**です。駿河さんも迷った時は、まずは3つに挙げてみてはどうでしょうか？　新年会の店選びでも同じように（笑）」

単純な解決方法だったが、駿河はえらく感動した。

「**最初から1つに絞ろうとするから迷ってしまう**のだ」と、自分の内面に気づいたからだ。

さらに渡邊は、「テーマに迷うのは駿河さんだけじゃないかもしれない。後になればなるほど、テーマ出しにも困るだろうしね。**部内で15分ブレストタイムなどを設けてもいい**かもしれないよね」と続けた。

駿河はみるみるうちに自分の心がラクになっていくことを感じていた。

解決のアプローチ

ケース16では、駿河の優柔不断さから先延ばしが生まれていることが明らかになりました。しかし、どの職場においても、「決める」ことを苦手とするメンバーは案外多いものです。組織としてどういった働きかけができると、先延ばしを防ぐことができるのでしょうか。

アプローチ　優柔不断さを軽減し、決断力を高める（＊1）

このケースでは、「優柔不断さと先延ばしの関連」が示されました。優柔不断さを厳密に捉えると、「最終的な決断に至るまでに時間を浪費してしまう傾向」のこと。つまり、「どうしようかな……」と迷って決め切れず、その判断を先延ばしにしてしまう傾向と捉えることができます。

決め切ることができない結果として先延ばしを生まれるということは、逆に言えば、迷いが少なくなれば行動に移しやすくなり、先延ばしを抑制する効果が期待できます。優柔不断さをできるだけ軽減していくために、迷う領域を減らしていくことが対策の大きな方向性になります。

▼組織でできること

周囲の対策としては、意志決定を支援していくことが軸となります。例えば、「周囲が期限を設定する」こと。「それまでに決めよう」と区切りが生まれるので、先延ばしを抑制することができます。一方で、逆にプレッシャーが掛かりすぎる可能性もあるので、短すぎる設定は避けましょう。

また、決断力の高い社員をロールモデルとして紹介することで、その思考プロセスを共有するなどし、意思決定の方法を学ぶ機会を設けることも有効です。

対策のアイデア

- 意思決定を要するタスクには期限を設定し、それまでに決断するよう促す
- 決断力の高い社員をロールモデルとして紹介し、その思考プロセスを共有する

▼本人ができること

本人ができる対策案としては、「迷ったときには相談する」ということ。「判断できない人間だと思われないか」と心配になるかもしれませんが、相談はあくまで素材を集めるためのもので、その

材料から最終的に自分で意思決定をしていくと捉えましょう。

意思決定の基準を、あらかじめシンプルに定めておくという対策もあり得ます。例えば、「3つ以下の選択肢を並べて、そこから決める」「このタスクについては30分以内に決める」など制約をつくっておくことで、迷いなく決定していくことができます。

対策のアイデア

・迷ったときは、信頼できる同僚や上司に相談し、意見をもらう。他者の意見を参考にしつつ、最終的な判断は自分で行う
・意思決定の基準をあらかじめ決めておく。例えば、「3つ以下の選択肢から選ぶ」「30分以内に決める」など目安を設ける

◎参考文献

＊1　Hen, M., Goroshit, M., & Viengarten, S.（2021）. How decisional and general procrastination relate to procrastination at work: An investigation of office and non-office workers. Personality and Individual Differences, 172, 110581.

ケース 17

いける！と思ったのに……

～見込みが甘くて先延ばす～

マーケティング部に所属して5年の細田誠は、仕事にも慣れ、日々の業務に対して「直前で頑張ればなんとかなる」と楽観的に思うようになっていた。仕事のできる後輩・長谷川聡ができたこともその楽観視に拍車を掛けた。しかし、その長谷川が会社に来られなくなり、細田は追い詰められることとなる。そんな細田に課長の町田順次は改善の必要性を感じ始める。

マーケティング部の細田は「なんとかなると思います」が口癖になっている。複数のプロジェクトを担当するようになり、仕事は多い。しかし、仕事に慣れたことで、締切直前で集中すれば大抵のことはできると思っている。むしろ、先輩たちの背中を見て、「それをなんとかしてこそ一人前だ」とも思っていた。

1ヶ月後のマーケティング会議では、5回の会議の議事録データの整理とポイント抜粋、そして競合2社とのデータ比較資料の作成、顧客アンケート調査のまとめを提出しなければならない。**一つひとつ片付けていけば大した業務ではない。それに後輩の長谷川聡とも分担できる。細田はそうタカを括っていた。**

マーケティング会議まで1週間という朝、会社にガラガラのしゃがれた声の長谷川から電話が入った。インフルエンザだという。少なくとも、5日間は出社ができない。

その結果、「細田くんさ、長谷川に頼んでいたデータ処理お願いできる？」「細田くんと長谷川くんに頼んでおいたあの書類、間に合いそう？」と**先輩たちからの依頼や確認が細田に集中した。**

細田自身も長谷川に頼んでいたことが複数あるが、当然ながらそれも自分で穴埋めをしなければいけない。

昼間は通常業務と会議でほとんど時間が取れない。夕方になってやっと資料作成に着手するも、作業は遅々として進まなかった。

まず、議事録整理は予想以上に時間が掛かった。以前の会議内容はとっくに忘れてしまっていたので、またゼロから音源を聞き直し、整理をしなければならない。

競合2社とのデータ比較資料に至っては昨年度の資料が見つからず、検索しても引っ掛からない。その結果、クラウドのファイルを片っ端から捜索するはめになった。

マーケティング会議までの1週間、細田はほぼ終電で帰るような生活を余儀なくされた。その勤怠状況を見た課長の町田は驚いた。開発部の残業問題がクローズアップされた際に会社は働き方改革を進め、どんなに遅くとも21時にはオフィスを出るよう促している。1週間もその時間を超えていては人事部から問題視されてしまう。

マーケティング会議の日、細田はフラフラになりながら資料を配布し、なんとか説明をすることができた。

しかし、会議後すぐに町田に声を掛けられた。

「細田くん、まずはおつかれさま。よく乗り切った。私のマネジメントの責任もあるんだけれど、この1週間ほとんど終電で帰るような生活をしているよね？」

細田は頷くことしかできなかった。そして、「**楽観視しすぎていました……**」と振り絞るように言った。

解決のアプローチ

ケース17において、細田は「これならば間に合う」と思ってタスクを先延ばしにしていました。本人も言っている通り、そこには楽観視がありました。一つひとつの作業は小さなものであったとしても、先延ばしにしたことで間に合わない量にまで膨れ上がることは誰にでも起こり得ます。こうした先延ばしを防ぐにはどのような仕組みが必要でしょうか。

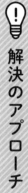

アプローチ 楽観視を抑制し、現実的な見通しを持つ（＊1）

このケースでは、「今すぐに取り組まなくても間に合うだろう」と思いこみ、先延ばしが生じていました。ケース5・アプローチ①にもあったように、計画を立てる際に阻害要因を見落とすことは、誰しもやりがちです。阻害要因が起こる可能性を見落としているために、まだ大丈夫だと誤認するリスクが高くなるからです。

状況を楽観視する人には、先延ばしを常習的に起こしてしまうという特性があることも報告されています。詳しく見ていくと、「まだやらなくても大丈夫だ」と状況を楽観視することでタスクを先延ばしすると、先延ばしにしている最中には不安や心配などは感じず、他のことに集中できるポジティブな感情が生じやすくなります。ただし、いざタスクに着手した際には、「楽観視していた」「早く始めておけばよかった」と後悔し、ネガティブな感情を持つことになるのです。

これまで取り上げてきた、「失敗をしたくないから先延ばすタイプ（ケース14）」や「タスクが嫌だから先延ばすタイプ（ケース1など）」は、ネガティブ感情を抱き続けていることが多いと言えます。つまり、同じ先延ばしという行為であっても、本人たちが抱いている感情は異なっています。そして、こうした感情や意識の違いは、本人の中では一貫する傾向があり、つまり、人によって特定のタイプの先延ばしをしやすいということも指摘されています。

また、「来週頃から着手しよう」と計画や目算をもって、意図的に後回しにするケースもあります。この場合は、いざタスクを進める際にも、適切なタイミングが来たと思えたり、締切までの時間を意識できることで、タスクへの動機づけが高まった状態でタスクを始めることができます。

大学生を対象にした研究では、こうした意図的に後回しにするタイプの学生は（他のタイプをよく行う学生に比べて）、「有能さ（174ページ）」の認識が高く、課題の出来もよいことが確認されています（なお、研究上の区分では、こうしたケースは「先延ばし」と呼ばない考え方もあります）。

今回のケースでみると、計画がうまく機能し、スケジュール通りにタスクを完了できれば問題はなかったでしょう。ただ、実際には計画の見積もりが甘く、先延ばしにするべきではなかったといえます。

そこで、対策の方向性としては、状況の楽観視を抑制し、現実的な見通しを持つことが挙げられます。それにより、前もってタスクに取り組むことができるようになり、先延ばしが抑制されます。

▼組織でできること

組織の対策では、チームで事前に最悪のシナリオを想定し、ディスカッションを行っておくといった方法が考えられます。過去の類似案件での問題点や教訓を共有するアプローチも有効でしょう。様々なリスクを考慮していくことで、より現実的な計画を立てられます（「現実的な計画を立てる」という方針では、ケース5「時間管理の対策」も参考になります）。

さらに、メンバーの進捗状況と今後の見通しをチームで共有していくこともできます。これにより、チーム全体で状況を把握し、的確なサポートを行うことが可能になります。

対策のアイデア

・最悪のシナリオを想定したディスカッションを行い、対策を練る

・プロジェクト開始時に、過去の類似案件での問題点や教訓を共有する
・各メンバーの進捗状況と今後の見通しを共有する

▼本人ができること

楽観視を抑制していくために本人ができる対策は、スケジュールに余裕のある締切を設定することです。例えば「締切の1週間前を『自分の締切』」に設定することで、余裕をもって取り組むことができます。前倒しで進めることで、急な変更があっても対応できます。

ケース5・アプローチ①でも挙げた、「想定されるリスクや障害を書き出し、対策を考える」ことも、楽観視を抑制する方法として有効です。リスクや障害に目が向けば、「それほど余裕はない」と気づくきっかけになります。

対策のアイデア

・締切の1週間前を自身の期限として設定し、余裕を持って取り組む

・課題に取り組む前に、想定されるリスクや障害を書き出し、対策を考える

◎参考文献

＊1　小浜駿，＆ 高田治樹．（２０２３）．先延ばしの簡便なタイプ分類方法の開発．教育心理学研究，71(2), 100-116.

＊2　小浜駿．（２０１４）．先延ばしのパターンと学業遂行および自己評価への志向性．教育心理学研究，62(4), 283-293.

ケース18

いいものを完成させたい！

～こだわりすぎて先延ばす～

営業部の本居信吾は高い営業実績を誇り、周囲から一目置かれる存在だ。その一方で凝り性ゆえ、時間ギリギリまで修正を繰り返し、あらゆるプレゼンテーション資料の提出が遅れがちになっていた。困り果てた直属の上司の課長・平洋子は意を決し、本居に話しかける……。

営業部に転職して2年目の本居は、一時の不調が嘘のように営業成績を持ち直し、新規獲得や継続案件の拡大など頭角を現していた。前職での実績を買われて入社した彼は、本来の力を発揮してイキイキと働いているように見える。

同じく営業部の鈴木一乃が、他の営業メンバーとの交流を促した効果は大きそうだ。様々なメンバーから相談を受ける本居の姿も見かけるようになった。

一方で本居の直属の上司で、課長の平は頭を悩ませていた。本居のプレセンテーション資料が、待てど暮らせど上がってこないからだ。

元来の本居は凝り性だったらしく、クライアントとのやりとりや丁寧な気配りは申し分ない。しかし、**プレゼンテーション資料を直前まで作り込まないと気が済まない**性格でもあった。

いつも、**資料が完成するのは会議の日の朝**。

そこから課長がチェックすることになるので、大きな直しは到底できない。これまではそれでも何とか乗り切ってきたが、いつ破綻するとも限らない。平はもっと前もって提出してほしいと思っていた。

3日後のプレゼンテーション資料もまだ平の手元には来ていない。平は本居のデスクに向かって、「本居さん、ちょっといいですか?」と話しかけた。本居のパソコンのデスクトップ画面にはまさに3日後に使うだろう作成中のプレゼンテーション資料が表示されている。現在進行形で手直しを続けている最中のようだが、その段階でも細部までこだわっているのが見て取れる。

本居は律儀に椅子から立ち上がり、「なんでしょう?」と返事をして平に向き直った。

「もしよかったら、その資料、今日中に見せてもらえないかしら？　**完成度は60点でOKよ**」

平の申し入れに、本居の表情は強張った。抵抗感が思い切り顔に出ている。

「それは……、どうしてですか？」

本居の冷静を装った質問に、平は答える。

「本居さんのプレゼンテーション資料はとてもきちんとしている。それは本当に素晴らしいと思っているの。でも、いつも提出がギリギリよね。**当日の朝では大きなフィードバックはできない。**それに、あなたには**一つひとつの資料を作り込むこと以上に、たくさんのやってほしいことがある。**だから、60点や80点で資料作成を一旦手放すという提案をしたいんです」

本居はしばらく思案して、「わかりました」と答えた。

そして、「でも、さすがに**60点では見せにくいので、今日中に80点にするので少しだけお時間ください**」と付け加えた。

平は「ありがとう。待ってます」と伝えてその場を去った。

100点でなければ気が済まない性分から、80点で提出できるようになる。少しずつ、少しずつ変わっていく大切さを、平は感じていた。

解決のアプローチ

ケース18では、凝り性ゆえに「完了の先延ばし」が生じている事例を紹介しました。常に完璧を目指していく姿勢は立派ですが、チームでの仕事の進め方としては見直しも必要です。本人のよさを認めながら、組織として解決していくアプローチを探っていきます。

アプローチ 「完全主義（完璧主義）」をやわらげる（＊1・2）

他のケースが「開始の先延ばし」であるのに対し、当ケースの本居のように、「いいものを完成させたい」というこだわりから「完了の先延ばし」が生じるケースもあります。これは、「完全主義（完璧主義）」の研究から紐解くことができます。

完全主義は、取り組んでいる活動や成果物を、より高い水準に到達させたいと考える傾向です。この傾向を詳しく見ていくと、高い水準の追求を適切に進められるタイプと、実際に進めることには苦労するタイプがいること、そして、両者の違いを分ける特徴が確認されています。

例えば、代表的な特徴の一つに、高い目標を持つことや、それに向けて努力するといった特徴がありま す。こうした特徴は、目標の達成や「開始の先延ばし」を抑えることにもつながると確認されています。

しかし、目標が「高くなりすぎない」ように注意が必要です。高い目標の達成には、当然、時間とコストが掛かります。(当ケースの本居のように)それを惜しまない人は、チームの気を揉ませる事態を生んでしまうためです。

また、完全主義を構成する特徴として「失敗を強く恐れる傾向」も確認されています。ケース14でも見たように、着手するはずのタスクに対して失敗の恐れがある場合、そのタスクの開始は先延ばしにされがちです。さらに、失敗を恐れる結果として、「失敗」と対極をなす「大きすぎる目標」を立てようとする反応にもつながります。それにより、ケース15・アプローチ①のような「開始の先延ばし」を起こす場合もあるのです。

つまり、完全主義の傾向は、それぞれの特徴が「行き過ぎ」ているために、よくない行動やパターンに陥ってしまっているとみなすことができます。

そこで、対策の方向性としては、完全主義の傾向の行き過ぎた部分を緩和していくことが考えられます。完成の水準を下げていくことで、失敗の恐れをやわらげたり、現実的ではない厳しい基準から解放できたりします。その結果、「開始」と「完了」という2つの先延ばしが抑制されるのです。

▼組織でできること

組織ができる対策案として、「どの程度のレベルまで失敗が許容できるのか」を事前に話し合っておけるとよいでしょう。「この段階までは大丈夫」というラインが見えれば、過度に高い目標を立ててしまいがちなメンバーに対して安心感を提供できます。

部門横断で、「完璧」を見直す作業の一環として「合格ライン」について議論する取り組みもよいでしょう。合格ラインの基準はそれぞれの職場や職種で異なります。多様な視点に触れることで柔軟な思考を得られるため、完全主義の傾向が緩和し、先延ばしを防ぐことにつながります。

対策のアイデア

・プロジェクト開始時に、チーム全体で「許容できる失敗」を定義する
・部門横断で「合格ライン」について議論し、完全思考をほぐして柔軟な思考を養う

▼本人ができること

「資料を100％仕上げる」と考えてしまうといつまでも完成しないので、「60％でOK」と基準

を下げ、早い段階で同僚にレビューを依頼することなどが本人の対策になります。

「タスクの締切を1週間前倒し、上司に中間チェックを依頼する」方法も効果的です。上司からの早めのフィードバックを得て、手戻りを防ぐことができるというメリットがあります。

対策のアイデア

- 「60％でＯＫ」という基準を設け、同僚にレビューを依頼する
- タスクの締切を1週間前倒しし、上司に中間チェックを依頼する

◎参考文献

＊1　Steel, P. (2007). The nature of procrastination: a meta-analytic and theoretical review of quintessential self-regulatory failure. Psychological bulletin, 133 (1), 65.

＊2　P. Sederlund, A., R. Burns, L., & Rogers, W. (2020). Multidimensional models of perfectionism and procrastination: Seeking determinants of both. International Journal of Environmental Research and Public Health, 17(14), 5099.

ケース19

言う通りに動けばいいのに……
～上司の顔色をうかがって先延ばす～

マーケティング企画課の高田宏伸課長は自身のマネジメントスタイルを人事部に咎められ、苛立っていた。同期で営業部の課長職である平洋子に愚痴ろうと、同期行きつけの居酒屋に向かったが……。

イベントを統括するマーケティング企画課の課長・高田は、常に誰かに叱責を浴びせている。**ミスがあれば怒鳴り、提出が遅れれば厳しく追及する。**見かねた部長が注意をしてきたこともあるが、「**これが部下のためなんです**」と返え続けた。営業畑で長年育ってきた高田にとって、どんなに厳しくしてもついてくる根性がある者こそが優秀だ、と考えていた。

そんな中で、ついに高田は人事部から会議室へ呼び出され注意を受ける。部下の誰かから人事部に相談がいったことが背景にあるのだろう。高田はため息をついた。部下に発破をかけるために、戦略的に厳しい言葉を投げかけることもある。部下にも、人事部にも、そんな高田の思いは全く通じていなかった。人事部からの注意もそこそこに会議室をあとにした。

すぐにスマホを開き、同期で同じく課長職の平の連絡先を呼び出す。2人とも10年以上も営業職として活躍した後にマネジメント職に就いた。「きっと平だったら、俺の気持ちがわかるはずだ」と確信していた。

「今日の19時に同期とよく行く居酒屋たぬきで飲もう」と、メールを入れた。

月曜日の居酒屋は空いていた。ガランとしたカウンターで、「おつかれさま」と中ジョッキで乾杯する。近況を簡単に報告し合うと、すぐに高田の愚痴がはじまった。

「人事部に呼び出されて、『**高田さんの指導は厳しすぎるところがあります。もっと部下とコミュニケーションを取って、承認しながら伸ばしていきましょう**』と言われてさ。甘すぎると思うだろう？　俺らの時代は怒鳴られるなんて当たり前だったよなぁ」

高田の言葉に、平はため息をついた。

「確かに、当たり前だったけれど、高田くんは怒鳴る上司のことめちゃくちゃ嫌いだったじゃない。それなのに、なんで同じようなことを部下にしているのよ」

平の言葉に「うっ……」と高田は言葉を詰まらせた。

しかし、「期日は守らないし、わからないところがあっても聞いてもこないんだよ。怒鳴りたくもなるだろう?」と続けた。

そんな高田の言葉に、平は「いやいや」と顔の前で手を振りながら、

「そもそもさ、**めちゃくちゃ怒鳴る上司に相談なんてできると思う? 怖いから、なるべく接触しないようにしようと思うじゃん。だから、期日にも遅れちゃうんじゃないの?** だって、高田くんも城西部長への案件だけはいつもギリギリだったじゃない。話しかけにくい、とか言って」

平の言葉に、高田は若い頃の上司だった城西部長のことを思い出した。怒鳴られたことは数え切れない。会議の席でみんなの前で叱責された時には、もう会社を辞めてしまいたかった。それ以来、彼への**提出物は絶対にミスをしてはいけないとプレッシャーを感じるようになり、どうしても期日ギリギリの作成になっていった。**

「たしかにな……」と高田は言葉を漏らし、すっかりぬるくなったビールを飲んだ。

「いい機会だから、自分のマネジメントを見直してみたら? 私も部下にイラッとすることがあるから他人のことは言えないけれど。でも、負のスパイラルの原因が自分にあるなら、それはなん

とかしないと自分が苦しいままになっちゃうもんね」

平の言葉に、高田はまずくなったビールを飲み続けるしかなかった。そして、「自分にできることは何か……」を考えはじめた。

解決のアプローチ

ケース19では、自身のマネジメントスタイルの問い直しを迫られる管理職の高田が登場しました。高田自身が受けてきた厳しい指導・指示が部下に受け入れられず業務改善が進まない中、部下に対してはどういった接し方が求められるのでしょうか。先延ばしを防ぐ上司のあり方を考えます。

アプローチ❶ 協力的な姿勢で部下の業務をサポートする（＊1）

ケース12で挙げたように、協力的な姿勢で部下の業務をサポートする上司のもとでは、部下が上司を信頼し、積極的に行動できるようになるため、仕事の先延ばしが抑制されることが明らかになっています。

その裏返しとも言える結果として、「侮辱的（Abusive）」な振る舞いを上司が行うと、部下の先延ばしが助長されることも確認されています。つまり、鋭く、きつい接し方をするような上司の下では先延ばしが生じがちなのです。

部下が先延ばしをする状況の一つとして、「嫌なことから逃げたい」という心理的なメカニズムがあります。例えば、負荷の高いタスク（18ページ）や、失敗することを予想させるタスク（17

4ページ）を遠ざけることも、タスクを通して感じる不快な感情から逃れるというメカニズムは共通しています。

前述のような上司の厳しい対応も、それと同様です。つまり、タスクに関連した上司の振る舞いが不快な感覚を与え、それを伴う仕事から「逃れたい」という部下の反応を引き起こしているのです。

また、上司の侮辱的な振る舞いによって、部下には職場から疎外されている感覚が生まれます。自分が職場に受け入れられていないと感じることで、同僚とのコミュニケーションや作業効率自体も低下していき、結果的に仕事が遅れていくという結果にもつながるのです。

そのため、対策の方向性としては「上司が権力を乱用せず、協力的な姿勢で部下の業務をサポートしていくこと」が柱になります。

▼組織でできること

組織、すなわち上司側の対策案としては、心がけと言動が非常に重要になります。例えば、部下の話にきちんと耳を傾けて、不安や悩みに寄り添う姿勢を示すのです。部下とコミュニケーションをとり、よい点をフィードバックしていくことこそ、部下の成長やモチベーションアップにつながるのだと理解していきましょう（この対策についてはケース8・アプローチ②も参考になります）。

「自分の言動を振り返ること」も重要です。「自分がどう部下に対して振る舞っているのか」「そこに問題はないか」を振り返る機会をつくり、自分一人での解決が難しそうであれば上司や同僚にアドバイスを求めるのも有効です。

対策のアイデア

・部下の話に耳を傾け、不安や懸念に寄り添う。頑張りを認めて感謝の言葉をかける
・自身の部下に対する言動やその影響を振り返る
・部下への接し方について、上司や同僚にアドバイスを求める

▼本人ができること

このアプローチにおいては、基本的には上司の対応に軸足が置かれています。とはいえ、部下ができることも全くないわけではありません。

例えば、問題のある言動を受けたときには、より上位の管理職や人事部門へ相談していくことが考えられます。問題提起することが職場環境を改善する第一歩となると信じて、信頼できる窓口へアクセスしてみましょう。

同僚に精神的支えを求めるという方法もあります。社会的に孤立しないように、周囲と関係性を保ちながら、業務にあたっていくことが重要です。

対策のアイデア

- 問題のある言動を受けた際、より上位の管理職に相談する
- 同僚との良好な関係構築に努める

アプローチ❷ 健全な人間関係を構築していく（＊3）

このケースにおける高田の振る舞いは、直接的に受けた部下に先延ばしを生じさせるだけでなく、それを目撃したり聞いたりした人たちにも波及していくリスクがあります。

ある研究では、健全な人間関係が構築されていない職場で、先延ばしが生じることが明らかになっています。具体的には、特定の人の評判を下げることで、その人が組織の他の人たちと良好な関係を築けないようにする「社会的アンダーマイニング（社会的過小評価）」という行為が横行し

ている職場で、先延ばしが起こりやすいことが確認されています。

この現象は、そうした職場にいるメンバーたちに、感情的な疲労が起こることが原因だと説明されています。誰かの悪口を言ったり過小評価をしたりする職場では、その被害者が報復として同じ行為を行いがちです。

そうしたギスギスした職場が、ストレスの原因になることは想像に難くありません。感情的に疲弊した場合、仕事に対して前向きな意欲が湧きにくくなったり、生産的に働くことが難しくなります。結果として、仕事も先延ばしになる傾向があります。

対策の方向性としては、社会的アンダーマイニングを防止し、健全な人間関係を育むことが重要です。これにより、組織の人間関係が安定し、業務に集中できる環境が整うため、先延ばしが抑制されます。

▼組織でできること

周囲の対策においては、まずはすべての社員がハラスメント研修を受けることも一策です。継続的な啓発活動を行うことで、社会的アンダーマイニングを防止する組織文化へとつながっていきます。

認め合う雰囲気を醸成するために、ケース8で紹介した「感謝の言葉を伝え合う」といったことも挙げられます。気恥ずかしさもあるとは思いますが、日頃伝えにくいことだからこそ、あえて上司から感謝を伝える場を設けることでチームの一体感が高まります。その結果、先延ばしが抑制されるのです。

対策のアイデア

・ハラスメント防止研修を実施する
・上司が部下に対して感謝の言葉を共有する

▼本人ができること

「よい人間関係を作っていくこと」が対策の方向性になるので、同僚のよさを見つけて認め合うことなどが具体策として挙げられます。仕事上はついマイナス部分にばかり目を向けてしまいがちなので、優れた点を見つけて褒めていくことで、チーム全体の雰囲気がよくなっていきます。

たとえ噂話や悪口が職場内で囁かれたとしても、そこに加わらないようにしましょう。本人を目の前にした事実に基づいたコミュニケーションこそが、信頼関係の構築につながります。

対策のアイデア

・同僚のよい点を見つけ、認め合う
・噂話に加わらず、事実確認を心がける

アプローチ❸ 「評価される」緊張感を適度に生む

アプローチ①で取り上げたように、上司が非常に厳しい監視体制を敷くことは望ましくありませんが、逆に管理せずに放任してしまうような場合も、部下の先延ばしにつながるリスクがあります。具体的には、「自分が評価されている」という「評価懸念（evaluation apprehension）」の感覚を全く持つことができないと、緊張感がなくなり、先延ばしが起こってしまいます。

そのため、「自分が見られている」という評価への意識は、ある程度高めていくことがポイントになります。ただし、あまりにも評価懸念が高くなってしまうと、部下が失敗に怯えることで、逆に先延ばしが生じやすくなること（ケース14）も報告されているので注意が必要です。つまり、評価懸念においてはバランスが非常に重要で、部下に適度に緊張感を持ってもらうことがポイントになります（類似した視点として、放任ではない委譲を実現することの重要性について紹介した、ケース9・アプローチ②も参考になります）。

▼組織でできること

組織的な対策として、互いに評価し合えるような仕組みをつくっていくことが挙げられます。例えば、互いの成果物を相互レビューする共有会を開催することなどが考えられます。「自由度を奪ってしまうのではないのか」という懸念を抱くかもしれませんが、メンバー全員でフィードバックし合うことが成長の糧となると捉え直していけるとよいでしょう。

共同していることや、周囲から確認されている目を意識するために、社内でのソーシャルネットワークサービスやメーリングリストを使ってリマインダーを送るという方法もあります。リマインダーでは、「あと〇日」など締切を共有する内容が考えられますが、それればかりではプレッシャーを感じる可能性もあります。そこで、ラストスパートへの応援メッセージも添えることで励みに変えていけるような仕組みとしていけるとよいでしょう（部署全体で締切を意識するという点ではケース11も参考になります）。

対策のアイデア

・相互レビュー制度を導入。成果物を定期的にレビューし合う
・リマインダーを送る。共同している意識や確認されている意識を喚起する

▼本人ができること

本人ができる対策案としては、自身で評価を得られる機会を設け、緊張感を持って業務に臨むということが考えられます。例えば、ケース2のように「進捗報告の場で、自分の目標を宣言し、メンバーにアドバイスや励ましをもらう（37ページ）」といった方法があります。

また、翌週の業務計画をメールで上司に送付するなどし、フィードバックを得ながら仕事を進めていく対策も有効でしょう。

対策のアイデア

・進捗報告の場で、自分の目標を宣言する。メンバーにコメントをもらう

・翌週の計画をメールで上司に送付。週明けに、軌道修正の指示を受ける

◎参考文献

＊1 He, Q., Wu, M., Wu, W., & Fu, J. (2021). The effect of abusive supervision on employees' work procrastination behavior. Frontiers in psychology, 12, 596704.

＊2 Bui, N. H. (2007). Effect of evaluation threat on procrastination behavior. The Journal of social psychology, 147(3), 197-209.
URL: https://doi.org/10.3200/SOCP.147.3.197-209

＊3 Jung, H. S., & Yoon, H. H. (2022). The Effect of Social undermining on employees' emotional exhaustion and procrastination behavior in deluxe hotels: Moderating role of positive psychological capital. Sustainability, 14(2), 931.

おわりに

最後まで本書をお読みいただきましてありがとうございました。読者の方によっては、「これはすぐに実践できそう」と思うものもあれば、「ここは難度が高いな……」と感じる対策もあったかもしれません。職場の雰囲気や置かれている立場によっても取り組みやすさは変わるでしょう。本書で紹介した対策のどこからスタートしても大丈夫です。はじめやすいところから、アクションをしてみてください。

また、管理職の方にとっては、それぞれの対策を「面倒だなぁ」と思ってしまうことあるかもしれません。ただし、今一度考えてみてください。もしそこで対策を打つことも「先延ばし」にしてしまったら、いわゆる無限後退が始まります。部下の方や、部署全体としても苦しんでいる現状を変えるためにも、是非いずれかの対策に乗り出してほしいと思います。

さらにいうと、「一つの対策を特化して行う」のではなく、複合的に取り組みを組み合わせてください。なぜならば、先延ばしの現象にはさまざまな要因が関わっているからです。多様な対策を行うことで、抑制効果が高まります。

本書をご覧になってご理解いただけたと思いますが、先延ばしは特定の誰かによってもたらされるものではありません。ですから、一人の犯人を特定し、その人へのルールを厳格化したところで本質的な解決には至りません。

たくさんのエピソードでお伝えした通り、職場にいる全員が先延ばしの当事者です。だからこそ、仕組みや環境に目を向けなければ、真の対策は講じられないのです。

先延ばしの組織的な対処は、良い職場を作っていくためのマネジメントと重なります。例えば、本書では「エンゲージメントを高めていく」や「上司と部下の関係性を良好にしていく」、「仕事へのやりがいを感じる仕組みをつくる」などを紹介しました。

先延ばしの抑制への対策を続けていくことで、いつの間にか良い職場が醸成されている。そんな裏テーマを持って執筆を進めていたことを、ここに告白しておきます。

本書ではビジネスリサーチラボ・代表取締役の伊達洋駆と、フェローの黒住嶺が紐解いた研究や知見をご紹介させていただきました。当社は企業人事・HR事業者の方へ「アカデミックリサーチ」をコンセプトとした組織サーベイや人事データ分析を行い、職場で実現可能な対策を提示していくことに重きを置いています。

先延ばしの研究についても、仕事に特化した先延ばし傾向を測定する日本語版尺度

「Procrastination at Work Scale（PAWS-J）」を開発するなど、関心をもって取り組んでいます。

本書の執筆を通じ、これまで世界で積み重ねられてきた先延ばしの研究から、新たに〝先延ばしをチームで解決する〟という、ひとつの視点にたどり着くことができました。皆様にも、先延ばしの研究が、まさに今、〝組織の要因〟へ捉え直すように大きく転換するタイミングだということをご理解いただけると嬉しいです。

最後に、先延ばしについて心配をかけた黒住家の皆さん。長く身をもってトライアンドエラーを繰り返したことから生まれた研究がこのような形へと結実しました。ここまで支えてくれて、ありがとうございました。

また、本書のコンセプトから一緒に練ってくださった日本能率協会マネジメントセンターの編集者・早瀬隆春さん、制作協力として伴走してくださった佐藤智さん、誠にありがとうございました。

そして、ここまで本書を読み進めてくださった読者の皆様に感謝申し上げます。よい職場をつくり、先延ばしを抑制する土壌をともに育んでいきましょう。

伊達洋駆・黒住嶺

●著者紹介

黒住 嶺（くろずみ・りょう）

株式会社ビジネスリサーチラボ フェロー

学習院大学文学部卒業、学習院大学人文科学研究科修士課程修了、筑波大学人間総合科学研究科心理学専攻満期退学。修士（心理学）。日常生活の素朴な疑問や誰しも経験しうる悩みを、学術的なアプローチで検証・解決することに関心があり、自身も幼少期から苦悩してきた先延ばしに関する研究を実施。教育機関やセミナーでの講師、ベンチャー企業でのインターンなどを通し、学術的な視点と現場や当事者の視点の行き来を志向・実践。その経験を活かし、多くの当事者との接点となりうる組織・人事の課題への実効的なアプローチを探求している。

伊達 洋駆（だて・ようく）

株式会社ビジネスリサーチラボ 代表取締役

神戸大学大学院経営学研究科 博士前期課程修了。修士（経営学）。2009年にLLPビジネスリサーチラボ、2011年に株式会社ビジネスリサーチラボを創業。以降、組織・人事領域を中心に、民間企業を対象にした調査・コンサルティング事業を展開。研究知と実践知の両方を活用した「アカデミックリサーチ」をコンセプトに、組織サーベイや人事データ分析のサービスを提供している。

主な著書に『オンライン採用 新時代と自社にフィットした人材の求め方』（日本能率協会マネジメントセンター）、『越境学習入門 組織を強くする「冒険人材」の育て方』（共著、日本能率協会マネジメントセンター）、『60分でわかる！心理的安全性超入門』（技術評論社）、『現場でよくある課題への処方箋 人と組織の行動科学』（すばる舎）など多数。

なぜあなたの組織では仕事が遅れてしまうのか？
職場で起こる「先延ばし」を科学する

2025年1月10日　初版第1刷発行

著者名――黒住 嶺、伊達 洋駆

発行者――張 士洛
発行所――日本能率協会マネジメントセンター
〒103-6009　東京都中央区日本橋2-7-1　東京日本橋タワー
TEL 03(6362)4339(編集)／03(6362)4558(販売)
FAX 03(3272)8127(編集・販売)
https://www.jmam.co.jp/

編集協力――佐藤 智
カバーデザイン―冨澤 崇（EBranch）
カバーイラスト―大野 文彰
本文DTP――株式会社森の印刷屋
本文イラスト――岩井 千鶴子
印刷所――広研印刷株式会社
製本所――東京美術紙工協業組合

ISBN 978-4-8005-9287-3　C2034
落丁・乱丁はおとりかえします。
PRINTED IN JAPAN